한국이 중국을
선택한다면

한국이 중국을
선택한다면

초판 1쇄 발행   2021년 4월 9일

지은이   최성락
펴낸이   최용범

편집   이선희
디자인   김태호
마케팅   김학래
관리   강은선
인쇄   (주)다온피앤피

펴낸곳   **페이퍼로드**
          paperroad
출판등록 제10-2427호(2002년 8월 7일)
주소   서울시 동작구 보라매로5가길 7 1322호
이메일   book@paperroad.net
페이스북 www.facebook.com/paperroadbook
전화   (02)326-0328
팩스   (02)335-0334
ISBN   979-11-90475-47-1 (03340)

최선도 최악도 될 수 있는
국제관계 시나리오

한국이 중국을
선택한다면

최성락 지음

페이퍼로드
paperroad

차례

5장 한미동맹의 진정한 의미

6장 한미동맹의 폐기, 일미동맹의 유지

지금 한국의 선택, 앞으로의 국제관계를 위하여

1894년(고종 31년) 1월 전라도에서 동학혁명이 일어났다. 조선은 동학 농민을 진압할 군사력이 부족했고, 결국 청나라에 군사 파병을 요청하자는 이야기가 나왔다. 1894년 6월 고종과 정부 고관들이 한자리에 모여 청나라에 군사 파병을 요구할 것인지 말 것인지를 결정하는 회의가 열렸다. 이때 처음에는 모든 관료들이 청나라가 군사를 파병하면 조선이 청나라의 속국이 되어버린다며 파병 요구에 반대했다. 그런데 병조판서 민영준이 청나라 군대를 요청하자고 강력히 주장했다. 민영준의 주장 요지는 이러했다.

청나라 군대가 조선에 오면 청나라의 영향력이 강해질 것이다. 그러나 나라는 지금처럼 유지될 것이다. 언젠가는 청나라가 떠날 것이고, 그러면 우리들은 계속해서 정권을 잡을 수 있다. 하지만 청나라 군사를 요구하고 있지 않다가 농민들에게 나라

가 망하면 어떻게 되는가. 그러면 이 나라는 농민들에게 넘어
간다.

청나라 파병을 반대하던 관료들은 이 논리에 넘어갔다.
청나라 속국이 되더라도 지배층은 계속 우리고, 앞으로도 우
리가 정권을 계속 잡을 수 있다. 하지만 농민군이 쳐들어오면
우리는 모두 망한다. 즉, 국가의 운명을 고려해서 결정한 것
이 아니라, 자신들의 정권에 유리한지 아닌지를 기준으로 결
정을 했다.

그런데 이때 회의에서 논의된 것은 청나라의 영향에 대
한 것만이었다. 청나라와 조선의 관계, 조선 내부의 사정에
대해서만 논의했다. 일본에 대한 이야기는 거론되지 않았다.
청나라에 군사 파병을 요구하는 데 일본은 아무 상관없다는
것이 당시 정부 관료들의 생각이었다.

이런 과정을 거쳐 청나라는 조선으로부터 파병 요구를
받았다. 당시 청나라 권력자인 리훙장은 이 소식을 듣고 이
제 조선에 대한 청나라의 영향력이 높아지겠구나, 하고 좋아
하지 않았다. 오히려 그는 일본이 어떻게 나올지를 고민했다.
1884년 갑신정변 이후 청나라와 일본은 톈진조약을 체결했
다. 양국이 같이 조선에서 군대를 철수하고, 이후 한쪽 국가
에서 군대를 파견할 때는 다른 나라에 통지해야 한다는 조약

10

이었다. 청나라가 군대를 파견하면 일본도 파견하려고 하지 않을까? 그러면 곤란해진다. 이때 총리교섭통상대신으로 조선에 파견되어 있던 위안스카이는 일본은 파병하지 않을 것이라고 보고했다. 이 보고를 믿고, 청나라는 조선에 군대를 파병하고 일본에 그 사실을 공지한다.

일본은 청나라가 조선에 군대를 파병한다는 소식을 듣자, 바로 조선에 군대를 파병하기로 결정한다. 텐진조약에 따라 청나라가 조선에 군대를 파병하면, 일본도 조선에 군대를 파병할 수 있다는 이유에서였다. 오래전부터 일본은 청나라와 전쟁을 하려고 했다. 하지만 전쟁을 벌일 구실이 없었다. 그런데 이제 청나라 군대와 일본 군대가 조선에 같이 주둔하게 되었다. 같이 있으면 조그만 사건이라도 생기게 마련이고, 그러면 그것을 구실로 전쟁을 일으킬 수 있다. 일본은 처음부터 청나라와 전쟁할 생각으로 조선에 군대를 파병했다.

청나라도 청나라 군대와 일본 군대가 조선에 같이 주둔해 있으면 전쟁이 발발할 것이라고 보았다. 그래서 일본 군대가 파병될지 아닐지를 걱정하고 있었던 것이다. 결국 이 일을 계기로 청일전쟁이 발발했고, 조선은 전쟁터가 된다. 그리고 일본의 식민지가 되는 첫걸음이 시작되었다.

여기서 한 가지 의문이 있다. 조선이 청나라에 군사 파병을 요구했을 때, 청나라 측에서 가장 문제시했던 것은 이것을 계기로 일본군이 개입하느냐 아니냐의 문제라고 했다. 그리고 일본 역시 청나라 군대가 파병된다는 것을 들었을 때, 기다렸다는 듯이 바로 일본군 파병을 결정했다. 청나라도 일본도, 조선의 청나라에 대한 파병 요청은 일본의 개입을 일으킨다는 것을 알고 있었다. 그런데 조선은 청나라에 파병 요청을 할 때 일본의 개입 가능성에 대해 아무 생각이 없었다. 일본이 개입할까, 하지 않을까를 고려하지도 않았다. 일본의 반응은 아예 관심 밖이었다. 일본이라는 경우의 수를 전혀 고려하지 않은 청나라 파병 요청으로 조선은 망국의 길을 가게 된 것이다.

최근 한국에서는 미국이냐 중국이냐를 주제로 많은 논의가 이루어지고 있다. 세계 최강대국인 미국의 편에 계속 서야 하느냐, 새로 세계 최강대국으로 떠오르고 있는 중국 편에 서야 하느냐에 대한 논의이다. 정치, 안보는 미국 편을 하고, 경제 측면에서는 중국 편을 하자는 이야기도 한다. 미국이냐, 중국이냐, 이에 대해 장단점을 이야기하고, 한국의 전략 방향을 세워야 한다는 말도 한다. 그런데 이런 이야기에서 완전히 빠져 있는 것이 있다. 미국과 중국 이외의 다른 나라들과의 관계는 어떻게 할지, 특히 일본과의 관계는 어떻게 할지 하는 문제이다.

현재 한국과 일본은 미국의 우방이니, 지금 상태가 그대로 유지된다고 하면 일본과의 관계도 그대로 유지될 수 있을 것이다. 하지만 한국이 중국 편이 된다면? 그때 한일관계는 어떻게 될까? 일본은 한국이 이제 중국 편으로 갔구나 하고 그냥 가만히 있을까, 아니면 무언가 대응조치가 이루어질까?

한국이 미국 편인지 중국 편인지는 한국 사정이지, 일본과는 상관없지 않은가? 일본이 어떻게 반응할지는 일본이 알아서 하면 되고 우리랑은 상관없는 일 아닌가 하는 견해가 있을 수 있다. 하지만 바로 그런 인식 때문에 청일전쟁이 발생한 것이다. 일본은 세계 최강국 중 하나이다. 일본이 어떻게 나올까는 한국의 운명에 큰 영향을 미칠 수밖에 없다.

한국이 중국 편이 될 때 일본이 어떻게 나오는가는 한국의 운명에 굉장히 중요하다. 그런데 지금 한국에서는 미국이냐 중국이냐만 이야기하고, 이때 일본이 어떻게 반응할지는 아무런 이야기가 없다.

한국이 미국과 멀어지고 중국 편이 될 때 일본과의 관계가 어떻게 전개될 것인가 역시 반드시 고려해야 한다. 미국 편에 서느냐 중국 편에 서느냐를 생각할 때도 일본의 대응에 대해서 고려해야 한다. 이 책에서는 한국이 미국을 떠나 중국 편에 섰을 때, 일본의 입장 때문에 발생할 수 있는 일에 대해 고려해볼 것이다. 이 이야기가 반드시 사실은 아닐 수 있다. 하지만 국가 전략을 고려할 때는 모든 시나리오를 다 고려해야 하는 법이다. 이 책에서 하는 이야기에 오류가 존재한다고 하더라도, '일본'이라는 변수를 아예 고려하지 않고 만들어진 다른 전략보다는 더 나을 것이다.

일본이라는 변수를 고려했을 때 한국의 대중관계, 대미관계는 앞으로 어떻게 나아가야 할까? 우리 한국은 어떤 전략을 가져야 할까? 더 폭넓은 맥락과 국제관계를 둘러싸고 비판적으로 이 논의를 할 때가 바로 지금이 아닐까? 이 이야기를 이제 시작한다.

1장

한국과 일본:
일본의 공격 가능성

조선은 왜
일본의 식민지가 되었을까

1910년 조선은 일본의 식민지가 되었다. 1910년 한일합병이 이루어지기는 했지만, 조선이 일본의 실질적인 식민지가 된 것은 1905년의 일이다. 이때 외교권이 없어지고 국제무대에서 독립국의 지위를 잃는다. 고려와 조선은 그동안 중국의 원, 명, 청 제국의 조공국으로 지내오기는 했지만, 자주국의 지위를 잃지는 않았다. 그런데 이때 완전히 패망하고 일본의 식민지가 되어버린다.

조선은 왜 일본의 식민지가 되었을까? 고종의 조선 왕조가 워낙 부패해서? 그런데 왕조가 부패했다고 다른 나라의 식민지가 되지는 않는다. 왕조의 부패가 극에 달하면 보통은 다른 왕조가 들어서지, 외국의 식민지가 되지는 않는다. 조선이 워낙 가난하고 힘이 없어서? 전 세계에는 힘이 없고 가난한 국가가 지금도 아주 많다. 강대국이 전함 한 대만 보내도 점령당할 조그만 국가들이 정말로 많다. 하지만 이들 국가가 식민지가 되지는 않는다.

일본이 조선을 침략해서? 일본은 1930년대에 중일전쟁을 일으키고 베이징, 상하이, 난징 등 주요 지역을 점령하고 지배했다. 한반도보다 훨씬 넓은 지역이다. 하지만 이들 지역을 일본의 점령지라고 부르지, 식민지라고 하지는 않는다. 국제사회에서는 일본이 이 지역을 불법 점령했다고 비난하고 하루빨리 물러나라고 종용했다. 침략하고 지배한다고 해서 식민지가 되는 것은 아니다.

어느 한 나라가 독립국이 되는지 아닌지를 결정하는 가장 중요한 요인은 다른 나라들의 승인이다. 다른 나라를 식민지로 하느냐 아니냐에서 가장 중요한 것 역시 다른 나라들의 승인이다. 다음의 두 사례를 보자.

사례 1—이라크의 쿠웨이트 합병

1990년 이라크가 쿠웨이트를 침공했다. 쿠웨이트는 전 세계에서 가장 작은 나라에 속한다. 이라크는 3일 만에 쿠웨이트를 점령하고, 더 이상 쿠웨이트라는 국가는 존재하지 않는다고 선언했다. 이라크가 쿠웨이트를 합병한 것이다. 이라크가 쿠웨이트를 합병하면서 내세운 이유는 원래 이라크와 쿠웨이트는 같은 나라, 한 나라라는 점이었다. 중동의 역사를 조금이라도 알고 있는 사람들은 중동이 원래 한 나라였다는 것을 부인할 수 없다. 중동 지역은 왕조가 계속 달라지기는 했지만, 모두 한 나라였다. 이란이 민족적, 역사적으로 차이가 있을 뿐, 이라크, 쿠웨이트, 시리아, 레바논, 사우디아라비아, 예멘 등은 같은 나라였다. 19세기에 이 지역을 지배하던 영국이 이 지역을 갈라놓은 것이다. 쿠웨이트는 1961년에야 독립국으로 성립했다. 그전에는 이라크와 같은 나라였다. 쿠웨이트와 이라크가 역사적으로 갈라진 것은 29년밖에 되지 않았다.

이라크는 쿠웨이트를 무력으로 합병했고, 많은 중동 사람들은 이라크와 쿠웨이트의 합병을 인정했다. 그런데 미국, 영국 등 서구 국가가 이를 인정하지 않았다. 이라크의 쿠웨이트 합병을 불법으로 선언했고, 이라크를 공격한다. 이라크는 쿠웨이트에서 물러날 수밖에 없었고, 쿠웨이트는 다시 독립국이 된다.

사례 2—이스라엘

19세기 말, 유대인들 사이에서 시온주의운동이 일어난다. 전 세계에 흩어져 살고 있는 유대인들이 과거 유대인의 땅에 자신들의 국가를 만들자는 운동이다. 1880년대 약 2만 명의 유대인들이 중동 팔레스타인 지역에 모였다. 1948년까지 약 50만 명의 유대인들이 이 지역에 들어왔다. 그리고

1948년 5월 14일, 유대인들은 이스라엘 국가를 세웠다.

몇백만 명의 주민이 독립을 선언한 것도 아니다. 약 50만 명의 사람들이 독립을 선언했다. 권력자는 당연히 이런 독립을 인정할 수 없다. 만약 지금 어떤 나라 안에서 몇십만 명이 모여서 독립을 선언한다고 그것이 국가가 될 리는 만무하다. 반란이라고 규정하고 경찰과 군대가 들어와서 해산시키고 끝낼 것이다. 그런데 이스라엘은 정말로 국가가 되었다.

이스라엘은 어떻게 국가가 되었나? 서구의 주요 국가들이 이스라엘을 국가로 승인했기 때문이다. 미국, 영국이 이스라엘의 국가 성립을 바로 승인했다. 이스라엘을 국가로 승인했으니, 아랍인들이 이스라엘을 공격하는 것을 막고, 이스라엘을 적극적으로 지원한다. 이런 다른 나라들의 지원을 통해 이스라엘은 무력을 갖추고, 정식 국가가 된다. 이스라엘이 독립국이 된 것은 이스라엘 사람들이 똑똑하고 용감해서가 아니다. 이것이 이유라면 지난 2000년 동안 전 세계를 유랑하지도 않았을 것이다. 주요 국가들이 국가로 승인했기 때문에 이스라엘은 국가가 된 것이다.

조선 왕조는 분명 부패했고, 백성들을 수탈하는 국가였다. 망해야 하는 국가였다. 하지만 국가가 망해야 한다고 해서 외국의 식민지가 되는 것은 아니다. 자기 나라 안에서 다른 왕조로 바뀌는 것이 일반적이다. 조선이 일본 식민지가 된 이유가 조선 왕조가 부패해서는 아니다.

　조선이 일본의 식민지가 된 가장 중요한 원인은, 다른 주요 열강이 이를 승인했기 때문이다. 당시 열강은 일본이 조선을 식민지로 삼는 것을 승인했다. 바꾸어 말하면, 조선이 '망하는 것'을 승인했다. 당시 주요 강대국 중 어느 한 나라만이라도 일본이 조선을 식민지로 삼는 것에 대해 강력히 반대했다면 조선은 일본의 식민지가 되지 않았다.

　실제로 일본이 조선을 식민지화하는 과정은 주변 강대국으로부터 승인을 받아가는 과정이다. 청나라는 일본의 조선 침입을 인정하지 않았다. 하지만 일본은 청일전쟁에서 이기고, 일본이 조선에 우월권을 가지고 있다는 것을 승인하게끔 강제했다. 러시아도 일본의 조선 지배를 반대했다. 일본은 러시아와 전쟁을 하고, 조선에서의 우월권을 승인받았다.

　그리고 일본은 당시 최고 강대국인 영국, 미국과 협의를 했고, 영국, 미국으로부터도 일본의 조선 지배에 대해 승인을 받는다. 주변 주요 국가 모두에게 승인을 받은 후, 일본은 조선에 을사늑약 체결을 강요한다. 조선의 외교권을 빼앗은 것인데, 이것으로 조선은 국제적으로 독립국의 지위를 잃어버린다.

　지금 한국은 과거 일본의 강압적인 을사늑약 체결로 인해 나라가 망했다고 비탄한다. 그런데 조선이 아무리 약하고 일본이 강하다고 해도 이런 조약을 일본 마음대로 체결할 수는 없다. 영국, 미국 등 주요 국가가 이미 사전에 양해했기 때문에 일본이 을사늑약을 밀어붙일 수 있었다. 아무리 조선이 힘이 없었다 해도, 이들 국가가 일본의 침략을 인정하지 않았으면 일본의 식민지까지는 되지 않았다. 즉, 일본의 영향력이 강해질 수는 있어도, 국가를 빼앗기는 지경까지는 가지 않았다.

우리는 일본의 조선 침략을 비판한다. 그런데 이 과거의 역사에 대해 한 가지 더 생각할 것이 있다. 왜 당시 영국, 미국 등 강대국들은 일본의 조선 침략을 승인했을까? 청나라와 러시아가 승인한 것은 이해할 수 있다. 이들 국가는 일본의 전쟁에서 패했다. 하지만 영국, 미국 등은 일본과의 전쟁에 진 것도 아니다. 그런데 왜 이 국가들은 일본 편을 들었을까? 왜 조선 편을 들지 않았을까? 이들이 조선 편을 들었다면 한일합병은 없었다.

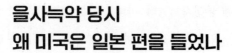

을사늑약 당시
왜 미국은 일본 편을 들었나

1905년 러일전쟁 이후 조선은 일본의 보호령이 되어버린다. 조선을 일본의 보호국으로 하는 을사늑약이 체결될 때, 고종은 아무런 대항을 하지 않았다. 국민은 을사늑약에 서명한 을사오적乙巳五賊을 비난하며, 고종이 이를 무효화하고 을사오적을 잡아 가두라고 들고일어났다. 하지만 고종은 반응을 보이지 않았다. 국민은 이대로 가만히 있으면 을사오적이 자기들 마음대로 서명한 보호조약이더라도 효력을 발휘하게 된다고 고종에게 대응을 요구했다. 하지만 그래도 고종은 가만히 있었다(사실 이런 고종의 이해할 수 없는 반응을 보면, 을사늑약은 을사오적이 자기들 마음대로 서명한 것이 아니라 고종의 양해를 받은 것으로 보인다).

을사늑약에 의해 조선에 통감부가 설치되고 일본의 간섭이 본격화된 지 한참 후, 고종은 미국에 호소한다. 일본의 침략행위를 막고 조선을 구해달라는 호소였다. 고종은 미국에 대해 긍정적이었다. 미국은 다른 나라와 달리 영토를 획득하려는 욕심을 부리지 않는다, 영토적 욕심을 부리지 않으면서 선교 활동, 의료 활동을 위주로 한다, 영토적 욕심이 없으면서 인도적 차원에서 다른 나라를 도와주니, 미국은 불합리한 일본의 야욕으로부터 조선을 구해줄 것이라고 믿었다.

이때 미국은 조선의 요구를 거절한다. 이미 미국은 일본과 가쓰라 태프트 밀약을 체결하고 있었다. 1905년 7월 29일, 을사늑약이 체결되기 전에 이미 미국은 일본이 조선을 보호령으로 하는 것을 인정했다. 가쓰라 태프트 밀약은 비밀 조약으로 1924년까지 그 내용이 알려지지 않았다. 조선은 가쓰라 태프트 밀약으로 이미 조선을 일본에 넘긴 미국에 대해 일본의 침략을 막아달라고 호소한 것이다. 당연히 미국은 조선의 호소를 받아들이지 않았다.

지금 한국은 이때 미국이 조선을 일본에 팔아버린 것을 비난한다. 1882년 미국과 체결한 조미통상수호조약 1조에는 다른 강대국이 부당하게, 또는 압제적으로 어느 한쪽 정부(조선)를 취급하면 다른 정부(미국)는 이에 선의를 가지고 도울 것을 규정하고 있다. 다른 나라와의 조약에는 이런 내용이 없었다. 미국은 조선이 어려우면 돕겠다는 조약을 체결하고도 당시 조선이 위기에 놓였을 때 돕지 않았다. 서로 약속한 수호조약을 팽개치고, 일본 편을 들었다. 우리는 이때의 미국

행동을 조선에 대한 배신으로 서술한다.

그런데 질문이 남는다. 왜 당시 미국은 일본 편을 들었을까? 왜 미국은 서로 돕겠다는 조약을 체결하고도 조선을 돕지 않았을까? 한 가지만 묻자. 러일전쟁이 발생하기 전, 조선은 미국에게 친구였을까, 적이었을까? 조선의 입장에서 보면, 조선은 미국에 대해 아무런 나쁜 짓을 하지 않았다. 그래서 친구라고 생각했다. 그러니 미국을 믿고 미국에 도와달라는 호소를 했을 것이다. 하지만 미국의 입장은 아니었다. 조선은 1896년 러시아공사관에 왕이 들어가는 아관파천을 했고, 친러 정권이 들어섰다. 미국 측에서 볼 때 러시아와 수호조약을 맺은 조선은 미국의 적, 러시아 편에 붙은 국가였다.

1945년부터 1991년까지는 냉전시대였다. 이때 전 세계에서 가장 큰 국제관계 이슈는 소련과 미국의 대립이었다. 모든 외교, 군사 전략은 미소의 대립을 전제로 이루어졌다. 그리고 2021년 현재, 국제관계에서 큰 주제는 미국과 중국 관계이다. 세계 최강대국으로 떠오르는 중국과 이에 대한 미국의 대응이 모든 외교 정책, 군사 정책, 무역 정책의 전제가 된다. 그렇다면 1800년대 말, 1900년대 초 세계 국제관계의 주된 쟁점은 무엇이었을까? 이때의 세계적인 외교 문제는 러시아의 남하와 이를 저지하려는 영국 간의 관계이다. 소위 '그레이트 게임The Great Game'이다. 그레이트 게임은 1813년 러시아-페르시아 조약으로 러시아가 페르시아에 영향력을 행사하기 시작한 이후부터 1907년 러영협약이 이루어질 때까지 무려 100년간 이어졌다. 이 기간에 러시아는 캅카스, 중앙아시아, 중동, 발칸반도, 티베트와 중국, 만주, 조선, 캄차카반도 등 유라시아 전체에서 남쪽으로 내려오려 했고, 영국은 이 것을 여러 번의 전쟁을 불사하면서 막고 있었다. 그리고 미국과 영국은 그때나 지금이나 절대적인 우방이다. 지금도 프랑스, 독일 등은 미국의 외교 정책에 대해 반대 입장을 표명하기도 하지만, 영국만은 거의 절대적으로 미국 편이다. 마찬가지로 미국도 우선적으로 영국 편을 든다. 즉, 그레이트 게임은 러시아제국 대 대영제국만의 다툼이 아니었다. 러시아 대 영국-미국 연합의 패권 다툼이었다.

러시아는 그동안 발칸반도, 중앙아시아 지역에서 남하를 시도했는데 영국의 방해로 남하길이 막혔다. 그래서 러시아는 동아시아에서 남하를 엿보고 있었다. 중국과 조약을 체결해 연해주를 차지하고, 캄차카반도 쪽으로 진출했다. 영국도 러시아 남하를 막기 위해 아시아에 관심을 기울인다. 그런데 이 중요한 순간에 조선이 친러국가가 된다.

조선은 이때 자신이 어떤 국제적 의사결정을 했는지 몰랐던 것 같다. 조선은 일본이 싫은데 일본의 영향력이 강해지기만 한다. 그런데 청일전쟁 이후 러시아가 삼국(러·프·독)간섭으로 일본을 눌렀다. 일본을 누를 수 있는 국가가 러시아였기 때문에 조선은 러시아 편이 되었다. 왕이 러시아공사관에 들어가는 아관파천을 하고 친러 정권을 만든다. 조선이 러시아 편을 든 것은 단지 일본이 싫어서였다. 하지만 영국—미국 측에서 보았을 때, 전 세계를 둘러싸고 펼쳐진 그레이트 게임의 관점에서 보았을 때, 조선이 러시아 편에 넘어간 것은 엄청난 영향을 미치는 일이었다. 조선은 일본이 싫어서 러시아를 선택했을 뿐이다. 하지만 이 결정은 영국과 적대적인 관계를 선택했다는 것을 의미한다. 나아가 영국의 절대적 맹방인 미국과도 적대적으로 되었다는 것을 의미한다. 러시아의 영향력하에 있는 조선은 영국, 미국의 적성국가였다. 이때 세계 최강대국은 영국과 미국이었다. 조선은 세계 최강대국들과 대척 관계에 선 것이다. 아무리 봐도 당시의 조선이 러시아 편에 붙어 영국과 미국에 대항하겠다는 의사결정을 한 것으로 보이지는 않는다. 단지 조선은 몰랐을 뿐이다. 러시아 편에 붙는다는 것이 국제적으로 어떤 의미가 있는지 전혀 몰랐다. 그냥 일본의 야욕에서 벗어난다는 생각만 했을 뿐이다.

조선이 러시아 편이 되었다. 이때 러시아의 숙원은 겨울에 얼지 않는 부동항을 구하는 것이었다. 지금은 블라디보스토크 앞바다가 겨울에도 얼지 않는다. 하지만 당시에는 조선 원산만 앞바다까지 겨울이 되면 얼었다. 블라디보스토크함대는 겨울에는 쓸모가 없었다. 조선 원산만 이하에는 부동항이 있었고, 따라서 러시아는 조선에서 항구를 구하고자 했다. 영국은 러시아가 조선을 완전히 세력권으로 해서 부동항을 확보하는 것을 막아야 했다. 영국은 러시아의 남하를 막기 위해 일본을 적극적으로 지원한다. 이때까지 영국은 세계 어떤 다른 나라와도 동맹을 체결한 적이 없었다. 세계 최강대국이면서도 동맹국은 없었다. 하지만 이때 영국은 일본과 영일동맹을 체결한다. 일본을 도와 러시아를 막겠다는 것을 전 세계에 선포한 것이다. 미국도 완전한 일본 편이 된다.

조선은 미국의 적 편에 섰다. 그랬으면서도 조선은 이것을 인식하지 못했다. 자신이 미국의 적 편에 섰다는 것을 알았다면, 일본의 침략을 막아달라고 미국에 호소할 수 없었을 것이다. 미국이 조선의 간절한 요구를 거절했다고 비난할 수도 없을 것이다. 하지만 조선은 미국에 도와달라고 호소했고, 지금도 미국이 당시 조선을 돕지 않았다고 비판한다.

나는 당시 미국이 조선을 돕지 않은 역사적 사실에 대해서 비판할 필요는 없다고 생각한다. 당시 미국에 손을 내민 것 자체가 국제관계에 대한 조선의 철저한 무지와 무모함을 반증한다. 그때의 미국 행태를 비난하는 것은, 당시 조선의 결정이 국제적으로 어떤 의미가 있었는지, 당시 조선은 미국을 적대국가화한 결정을 내렸다는 것을 아직도 모르고 있다는 무지를 의미할 뿐이다.

당시 조선에 대해 변명하자면, 정말로 몰랐을 뿐이다. 영국, 미국과 적대국가가 되려는 생각은 꿈에도 없었다. 단지 일본의 손아귀에서 벗어나려 했을 뿐이다. 하지만 결과적으로 그 결정은 조선이 일본의 식민지가 되는 길을 열었다.

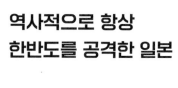

역사적으로 항상
한반도를 공격한 일본

1945년 일본은 패망하여 한반도에서 물러났다. 1876년 강화도조약을 체결한 이후 일본은 계속 조선에 영향력을 강화하려 했고, 결국 1910년 조선을 일본 땅으로 만든다. 그리고 1945년 연합군과의 전쟁에서 패하면서 한반도에서 쫓겨갔다. 일본이 한국을 떠난 지 76년이 지났다. 일본이 한국에서 쫓겨난 지 이미 오랜 시간이 지났으니 이제 앞으로 일본이 한국을 다시 점령하려고 하는 일은 없는 걸까?

그런데 한일관계사를 보면, 일본이 더 이상 한국을 침략하지 않으리라고 생각하기는 힘들다. 역사적으로 보면 일본은 지속적으로 한국을 침략해왔다.

가장 대표적인 것은 임진왜란 당시 일본의 침략이다. 1592년 5월 일본군이 부산에 상륙하고 1598년 12월 이순신 장군의 노량해전이 있을 때까지, 일본은 7년간 조선을 침략했다. 처음 1년간은 평안도, 함경도 등 조선 전역을 휩쓸었고,

그 이후 6년간은 한반도 동남해안 지역에 진주했다. 이때 일본은 단순히 조선을 침략해 노략질, 도적질을 한 것이 아니다. 조선의 영토 할양을 원했다. 전쟁을 주도한 도요토미 히데요시가 사망하면서 일본은 조선에서 철수한다. 도요토미 히데요시가 죽었을 때 후계자인 아들은 5살밖에 되지 않았고, 그의 숙적이라 할 수 있는 라이벌 영주들은 건재했다. 도요토미 히데요시의 사망은 바로 후계자 문제를 발생시켰고, 일본은 정치적 격랑에 빠져들었다. 이 중요한 순간에 주요 영주들이 조선에 머물러 있을 수는 없었다. 일본군은 도요토미 히데요시 사망 소식에 바로 철군을 결정한다. 조선이 일본군을 물리친 것이 아니다. 일본군 내부 사정 때문에 스스로 물러난 것이다.

도요토미 히데요시는 61세에 사망했다. 만약 도요토미 히데요시가 더 오래 살았다면, 그리고 사망 이후 일본이 누가 후계자가 되느냐는 문제로 정치적 격랑에 휩싸이지 않았다면 일본은 훨씬 더 오래 조선에 주둔했을 것이다. 그 상태가 몇십 년 계속되었다면 정말로 한반도 남부는 일본 땅이 되었을지도 모른다.

일본의 대표적인 한반도 침입전쟁은 임진왜란이다. 하지만 일본의 한반도 침략이 가장 대규모로 이루어지고, 그래서 한반도가 가장 크게 고통받은 시기는 고려 말이라고 볼 수 있다. 역사교과서에서는 고려 말 일본의 침략을 왜구의 침략으로 서술한다. 즉, 해적의 침략이다. 그런데 해적이라 하면 배 한두 척, 많아야 십여 척 규모여야 한다. 하지만 고려 말 왜구는 백 척이 넘는 규모이다. 고려의 정식 군인들과 전쟁을 벌이고 고려군을 물리치는 수준이다. 해적이 아니라 군대이다. 이때 왜구는 일본 중앙정부 차원의 군대는 아니었지만, 그렇다고 도둑 수준도 아니었다. 일본 지방정부 차원의 군대였다고 봐야 맞을 것이다. 정식 일본 군대는 아니니 공식적 침략은 아니라고 보지만, 실질적으로는 군대가 침입해 약탈한 것과 동일했다.

문제는 왜구의 침략 범위와 기간이다. 왜구는 바닷가의 마을을 침략한 것이 아니었다. 당시 왜구가 침략한 지역의 명단을 보자. 충남 공주, 충북 청주, 경남 진주, 대구, 경북 김천, 전북 전주, 정읍 등의 지역이 모두 왜구의 침략을 받았다. 이 도시는 해안 지역이 아니다. 엄연한 내륙 지역이고, 또 지역 중심지이다. 이외에 개경 인근은 물론이고, 황해도까지 왜구의 침략이 계속되었다. 왜구는 이런 지역들을 한두 번 침략하고 물러난 것도 아니다. 무려 40년 동안 계속해서 침략하고 약탈했다.

이때 고려는 왜구의 침입에 속수무책이었다. 역사교과서에 이성계, 최영, 최무선 등이 왜구를 물리쳤다고 나온다고 해서, 정말로 이런 승리로 인해 왜구를 물리친 것은 아니다. 왜구가 몇십 년간 몇백 번에 걸쳐 계속 고려를 침략하고 약탈을 하는데, 단지 몇 번의 승리만 있었을 뿐이다. 이성계의 승리 이후에도 한반도 중남부 전역에 왜구의 침입은 계속되었고, 고려는 어떤 대응 방안도 내지 못했다. 한반도 남부는 실질적으로 일본군의 세력권이라고 볼 수 있을 정도였다.

왜구가 사라진 것은 고려가 왜구를 물리쳐서가 아니다. 당시 일본은 남북조시대로, 혼돈의 시대였다. 이때 일본은 무로마치막부의 아시카가 요시미쓰가 일본 남북조를 통일하고 강력한 중앙정부를 세운다. 그러면서 도적질을 하는 일본 왜구도 사라진다. 임진왜란 때 일본이 조선에 져서 물러난 것이 아닌 것처럼, 왜구도 고려가 물리쳐서 없어진 것이 아니다. 일본의 내부 정치 사정에 의해 왜구가 사라진 것이다.

삼국시대, 신라시대에도 일본은 계속해서 한반도를 침략했다. 『삼국사기』에는 단편적으로 왜의 침략을 말하는 기록이 많이 있다. 하지만 일본의 역사서인 『일본서기』는 분위기가 다르다. 일본이 한반도 남부를 점령하고 지배했다는 식의 기록이 이어진다. 고고학적으로 볼 때, 당시 일본 정권이 한반도를 지배했다는 것은 말이 안 되는 사실로 판정 났다. 『일본서기』의 기록은 많은 오류가 있다. 그러나 어쨌든 『일본서기』에는 일본이 한반도 남부를 지배했다는 이야기가 수

록되어 있다. 일본은 이 『일본서기』를 근거로 조선 침략을 정당화했다. 일본은 이미 오래전에 한반도를 지배했다, 임진왜란 당시에도 일본은 한반도 남부를 지배했다, 그러니 일본이 한반도를 지배하는 것은 침략이 아니라 단지 예전으로 돌아가는 것이라는 논리였다.

조선과 일본은 서로 인접한 국가이다. 수많은 전쟁과 상호 침략이 있을 수 있다. 그러나 조선과 일본은 바다로 갈라져 있고, 전통적으로 조선은 농업국가로서 바다에는 익숙하지 않았다. 바다를 건너 일본으로 쳐들어가 전쟁을 벌이는 예는 없었다. 원나라와 함께 일본을 침략한 예가 있고, 왜구를 물리치기 위해 고려 말, 조선 초에 일본을 공격한 적이 있기는 하다. 하지만 이것은 원나라의 요구 때문에, 그리고 왜구에 대응하기 위해서였지, 일본 땅을 차지하겠다는 쟁탈전의 의도를 가지고 쳐들어간 적은 없다.

하지만 일본은 다르다. 『일본서기』의 한반도 지배 이야기는 거짓이기는 하지만, 당시 일본이 그것을 바라고 욕망했다는 것은 분명히 역사 기록을 통해 엿볼 수 있다. 한반도 지배를 원했기 때문에 그런 오류가 나올 수 있었다. 고려 말 일본은 무려 40여 년간 한반도 남부를 제집처럼 드나들었다. 임진왜란 당시에도 일본은 한반도 남부에 성을 쌓고 7년간 진주했다. 그리고 1910년 일본은 한반도를 정식 식민지로 만들었다.

일본은 그럴 힘이 있고, 또 의지가 있으면 한반도에 쳐들어왔다. 힘이 있고 의지가 있는데 한국 사정을 고려해서 침략하지 않은 적은 없다. 그리고 일본이 한반도에 쳐들어왔을 때, 한국은 스스로의 힘으로 일본군을 물리치지 못했다. 삼국시대는 모르겠지만, 고려 말 왜구 침략, 임진왜란, 20세기 한일합병 등의 경우에서 보듯이, 한국이 일본을 몰아낸 것이 아니다. 일본의 정권 변화, 권력자 사망, 다른 나라와의 전쟁 패배 등 모두 일본 내부의 사정에 따라 한반도에서 물러났을 뿐이다.

일본은 앞으로도 계속해서 한국으로 들어올 가능성이 있다고 보아야 한다. 한국으로 쳐들어올 힘이 있느냐, 한국으로 쳐들어올 의지와 욕망이 있느냐, 그리고 정치적 환경이 그것을 허락하느냐의 문제이다. 지금 당장 일본이 한국에 들어올 가능성이 보이지 않으니, 이 상태가 당연하고 영속적으로 이어질 것으로 생각해서는 안 된다. 일본은 힘, 의지, 그리고 정치적 사정이 허락하면, 언제든 다시 한반도에 강제적 군사행동을 취할 수 있는 나라라고 봐야 한다.

한국과 일본의 전력 차이
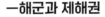

─해군과 제해권

1894년 7월 25일 청나라와 일본 간에 풍도해전이 발발한다. 풍도는 서해 아산만 근처의 섬이다. 청일전쟁의 시발점이라 할 수 있다. 이때 청나라는 조선의 파병 요청을 받아 조선에 군대를 파병한 상태였고, 지원군을 보내는 중이었다. 일본 함대는 조선의 해안을 돌아다니면서 청나라 군함을 찾아 공격하려고 했다. 마침 풍도 앞바다에서 청나라 함대와 일본 함대가 만나게 되었고, 전투가 벌어진다. 청일전쟁 최초의 전투이다.

풍도해전이 벌어지는 중에 청나라 군사를 태운 배가 부근을 지나갔다. '코싱호'라는 이름의 영국 국적 수송선이었다. 이 배는 중국 다구항에서 조선의 아산까지 청나라 군사 950여 명을 수송 중이었다. 일본 군함이 이 배를 나포하려고 했다. 코싱호는 영국 배로, 영국인 선장은 일본 함대의 나포에 응하려고 했다. 하지만 코싱호에 타고 있던 청나라 군사들은 용감했다. 그대로 일본군의 포로가 되려고 하지 않았다. 전의를 불사르고 일본군과 일전을 벌이려고 했다. 사기도 충만했다. 청나라 선봉군으로서 일본군을 무찌르는 자랑스러운 모습을 보여주려고 했다.

코싱호의 청나라 군대가 항복하지 않자 일본 전함은 코싱호에 어뢰를 쏘았다. 코싱호는 바다에 침몰했고, 청나라 군사들은 대부분 바다에 빠져 죽는다. 다음 날까지 바다에 헤엄치며 떠 있던 병사 200여 명이 주변을 지나던 프랑스 배에 구조된다. 나머지는 일본군에 총 한 발 쏘지 못하고 수몰되었다. 일본군은 이 전투에서 단 한 명의 사상자도 발생하지 않았다. 다만 멀리서 포탄을 쏘았을 뿐이다. 청나라 군사들과 일본 군사들이 칼 한 번 부딪치지도 않은 상태에서 청나라 군사들은 몰살되었다.

지금 한국과 일본이 서로 싸우면 누가 이길까? 한국은 현재 세계적인 군사력을 지닌 나라 중의 하나이다. 한 나라의 군사력을 비교하는 지표인 민간평가 사이트 글로벌파이어파워GFP는 한국의 군사력을 세계 6위(2020년 기준)에 올려놓고 있다. 미국, 러시아, 중국, 인도, 일본에 이은 세계 6위이다. 한국은 징병제로 모든 남자가 군대에 갔다 온다. 또 지난 몇십 년간 북한(현재 25위)과 대치하면서 전투력을 갈고 닦아왔다. 한국은 세계적인 군사강국이 맞다. 일본이 세계 5위로 한국보다 1순위 더 높다.

'그래도 한국군이 일본군과 싸워질 리가 없다. 축구 경기를 하든, 배구 경기를 하든, 한국은 일본과 경기를 할 때는 죽을힘을 다한다. 다른 나라도 아니고 일본과 전투가 벌어진다면 한국 군인들은 젖 먹던 힘까지 꺼내며 싸울 것이다. 한국 군인들이 일본군과 싸우면서 등을 보일 리는 없다. 한국은 일본을 충분히 이길 수 있다.' 우리 한국인은 대부분 이런 식으로 생각한다. 일본과 싸우면 충분히 일본을 이길 수 있다고 예상한다. 나도 한국군과 일본군이 전선에서 만나 서로 대포를 쏘고, 총질을 하고, 나아가 백병전을 벌인다면 분명히 한국군이 일본군을 이긴다고 생각한다. 한국 군인들은 일본군에 대해서라면 악바리 정신이 있다. 이런 정신력을 가지고 일본을 이기지 못할 리가 없다는 판단이 든다.

그런데 문제는, 한국과 일본 간에 전쟁이 벌어지면 절대로 한국 군대와 일본 군대가 서로 총을 쏘고 백병전을 하는 식의 전투가 벌어지지는 않을 거라는 점이다. 풍도해전에서 청나라 군사들은 정말로 열심히 일본군과 싸우려고 했다. 하지만 일본군은 멀리서 청나라 배를 쏘기만 했다. 청나라 군사들은 싸우지도 못하고 몰살됐다. 일본과 한국 간 전쟁도 마찬가지이다. 일본군이 쳐들어오고, 한국군이 이에 맞서 열심히 싸우는 형태의 전쟁이 되지 않는다. 그런 싸움이라면 충분히 한국군이 이길 수 있을 것이다. 그러나 일본 군대가 바보가 아닌 한, 한국 군대와 총칼을 맞대는 전쟁을 할 리가 없다.

일본은 그냥 바닷길만 봉쇄하면 된다. 한국은 석유, 철광석 등의 원료와 쌀을 제외한 식량은 모두 수입하는 나라다. 육지를 통해서 수입하는 것이 아니라 바닷길을 통해 수입한다. 일본이 저 먼바다에서 한국으로 들어오는 유조선, 상선만 모두 막아버리면, 한국은 저절로 말라 죽는다. 아무리 전투기가 좋고 탱크가 좋아도 기름이 없는 상태에서는 움직일 수 없다. 아무리 군인들이 용감하고 사기가 충천해도, 먹을 것이 없으면 싸울 수 없다. 6개월만 바닷길을 막으면 한국의 군사력은 바닥난다. 1년간 바닷길을 막으면 한국 전체가 말라 죽는다. 싸우려고 해도 싸울 수 없는 상태가 되어버린다.

한국 함대가 일본 함대와 싸워서 바닷길을 지키면 되지 않을까? 그런데 한국의 군사력이 세계 6위라는 것은 육군 능력을 바탕으로 한 수치이다. 한국전쟁 이후 한국의 적은 북한군이고, 따라서 육군만 키워왔다. 해군도 육성했다고 하지만, 사실상 숫자와 전력에서 절대적으로 뒤진 북한 해군에 응대하는 정도였다. 한반도를 벗어나 대양에서 전쟁할 수 있는 능력은 거의 없다. 하지만 일본은 원래 처음부터 해군, 공군 위주였다. 일본의 해군력은 미국을 이은 세계 2위이다. 중국의 군사력이 강대하다고 하지만, 어디까지나 육지에서다. 바다에서는 일본의 군사력이 중국을 압도한다고 보고 있다. 즉, 육군이라면 몰라도 해군을 기준으로 본다면 한국은 일본의 상대가 되지 않는다. 먼바다에서 일본 군함이 한국으로 들어오는 유조선 등을 모두 제어하면, 한국은 싸워보지도 못하고 전투 불능 상태가 되어버릴 수 있다.

물론 아무리 바다에서 일본이 우위라고 해도, 막상 한국의 항복을 받아내기 위해서는 일본군이 한국에 상륙해야 한다. 이때는 아무리 한국군의 상황이 어렵다고 해도, 쉽게 일본군에게 패퇴하지는 않을 것이다. 하지만 일본군이 꼭 한국의 완전한 항복을 받아낼 필요는 없지 않은가. 그냥 한국이 일본에 반대하지 않고 일본의 뜻에 따르겠다는 정도의 강화만 해도 되는 것이고, 그 정도라면 일본군은 한국에 상륙하지 않고 멀리서 뱃길만 끊어도 충분하다. 그리고 한국은 바다에서 일본군의 도발을 막아낼 힘이 없다.

태평양전쟁에서 미국이 일본을 일방적으로 몰아붙였다고 하지만, 사실 일본군과 미군이 맞붙어서 백병전을 벌이면 일본이 진 적은 거의 없다. 일본군은 미군을 충분히 이길 정도로 강했다. 미군이 일본군보다 더 용감하고 잘 싸운 것은 아니다. 다만 미군은 제해권을 완전히 장악했고, 일본군의 식량과 무기 보급을 모조리 끊었다. 일본군은 먹을 것이 없어서 굶주렸고, 그래서 싸울 수 없었을 뿐이다. 이 관계는 한국과 일본이 서로 싸울 때 그대로 재현될 것이다. 다만 이제는 한국군이 보급을 받지 못하는 것으로 바뀔 뿐이다. 제해권은 일본이 가지고, 한국에 대한 모든 보급을 끊는다. 다시 말하지만 한국 군대는 일본 군대와 일대일로 싸우면 충분히 이길 수 있다. 그런데 그렇게 일대일로 싸울 기회가 주어지지 않는다. 태평양전쟁에서 일본군이 보급을 받지 못해 저절로 쓰러져갔듯이, 한국군도 그렇게 될 가능성이 크다.

한국과 일본의 전력 차이
─공군과 제공권

지금 한국과 일본 사이에 전쟁이 발생한다고 했을 때, 일본은 해군력으로 한국의 바닷길을 봉쇄하면 쉽게 승리를 챙길 수 있다. 한국의 해군력은 북한의 해군력을 상대하도록 잘 준비되어 있다. 하지만 북한에는 해군력이라 할 만한 것이 없다. 북한에는 동해의 해군과 서해의 해군이 있다. 그런데 이 해군력은 서로 연결되지 않는다. 남쪽에 한국이 있으므로 동해 해군, 서해 해군은 별도로 존재하고 따로따로 싸울 수밖에 없다. 이렇게 분리된 전력으로 동해, 서해, 남해가 통합된 한국 해군을 상대하는 것은 무리이다. 한국의 해군은 북한의 해군을 충분히 이길 수 있다.

반면 한국 해군은 일본 해군을 상대하기는 어렵다. 일본은 사방이 바다인 해양국가로, 해군이 주력 부대이다. 처음부터 바다를 지배하는 것을 목적으로 군사력을 구축한 일본 해군과, 해군력이 부족한 북한 해군을 상대하는 한국 해군은 전력에 차이가 있을 수밖에 없다. 한일 분쟁이 벌어지면, 해군에서 결정이 날 것이다.

그렇지만 군대가 해군만 있는 건 아니지 않은가. 육군과 공군도 있다. 일본군이 바다만 지배하고 한국에 상륙해서 육탄전을 벌이지 않는다면 육군끼리는 싸우지 않을 수 있다. 하지만 공군은 충분히 일본과 싸울 수 있지 않을까? 한국의 공군은 세계 최강의 공군력을 가지고 있는 미국의 전투기를 주력으로 한다. 최첨단 미국 전투기를 가지고 일본과 비행전을 벌인다면 충분히 승산이 있지 않을까?

해군력이 아무리 우수하다고 해도 비행기에는 당해낼 수 없다. 일본 전함이 한국 전함보다 우수하다고 해도, 한국 전투기 부대가 공중에서 일본 전함을 공격하면 충분히 이길 수 있다. 비행장이 없는 먼바다에서 싸운다면 전투기의 사정 범위에 들지 않아 문제가 있겠지만, 한국과 일본의 싸움은 한일 근해에서 이루어질 수밖에 없다. 한국 전투기가 충분히 공격할 수 있는 범위이다. 한국의 전투기가 일본 전함을 공격하고 일본 본토를 폭격한다면 충분히 승리를 얻을 수 있다.

한국의 전투기가 첨단을 다투는 비행기인 것은 맞다. 미국이 해외에 판매하는 비행기 중에서는 최첨단이다. 그런데 한국의 전투기는 기본적으로 미국이 만든 전투기, 미국이 수출한 전투기이다. 미국이 수출한 전투기라는 것이 무엇을 의

미할까? 기본적으로 미국이 수출하는 전투기는 미국의 적을 공격하도록 한 것이다. 미국 전투기로 미국이나 미국의 동맹국을 공격하는 것은 불가능하다. 미국은 전투기를 아무 나라에나 판매하지 않는다. 돈을 준다고 하면 그냥 전투기를 판매하는 게 아니다. 일단 미국은 그 전투기가 미국을 공격해도 충분히 방어할 수 있다고 여겨지는 전투기만 판매한다. 상대 국가가 어느 날 미국을 적으로 돌리고 미국을 공격할 때, 미국도 막아낼 수 없는 전투기라면 절대로 판매하지 않는다. 미국이 외국에 판매하는 전투기는 그 전투기에 대한 방어가 충분히 가능할 때, 그 전투기보다 더 좋은 전투기를 보유하고 있을 때이다. 따라서 진짜 최첨단 전투기는 한국이 보유하고 있을 수 없다. 미국은 진짜 최첨단 전투기는 외국에 팔지 않는다. 다른 나라에는 위협이 되어도 미국 자체에는 큰 위협이 되지 않는 전투기만 판다. 즉, 아무리 최첨단 전투기를 보유한다고 할지라도 미국 공군과는 상대가 되지 않는다. 러시아 등 다른 나라 전투기를 보유하지 않는 한, 미국 전투기로는 미국을 상대할 수 없다.

우리가 싸우려는 상대는 미국이 아니라 일본이다. 그러면 미국 전투기로 일본과 싸우는 것은 충분히 가능하지 않을까? 그런데 미국 전투기로 일본과 싸우는 경우, 두 가지로 나누어보아야 한다. 한국이 계속 미국의 동맹국으로 남아 있는 경우와 미국의 동맹국에서 빠져나오는 경우이다.

먼저 한국이 미국의 동맹국이면서 일본과 싸우려고 한다면 어떨까? 한국이 미국의 동맹국이라지만 일본도 미국의 동맹국이다. 동맹국 한국이 미국 전투기를 가지고 같은 동맹국 일본과 싸우는 것은 미국 측에서 인정할 수 있는 전쟁이 아니다. 미국은 이 전쟁에 적극적으로 반대할 것이고, 그래도 한국-일본이 싸운다고 하면 최소한 미국 전투기를 가지고 싸우지는 못하도록 종용할 것이다.

우리가 미국 전투기를 구매했고, 우리가 소유한 미국 전투기로 싸우는데 미국이 무슨 상관일까? 그런데 상관이 있다. 미국은 전투기를 외국에 판매할 때 그 전투기가 미국을 공격할 가능성을 미리 대비한다. 미국만이 아니라 미국 동맹국을 공격할 가능성도 대비한다. 미국으로부터 구매한 전투기는 구매한 후 10년, 100년 마음대로 사용할 수 있는 것이 아니다. 지속적으로 미국으로부터 소모품을 보충받아야 한다. 미국이 판매하는 전투기는 일정 기간이 지나면 사용할 수 없는 소모품이 있다. 다른 데서는 보충받을 수 없다. 전투기를 판매한 미국에서만 보급받을 수 있다. 이 소모품을 끼워 넣지 않으면 전투기는 움직이지 않는다. 전투기는 아무리 비싼 가격에 구입했다고 하더라도 미국이 인정하는 전쟁에서만 사용할 수 있다. 미국이 인정하지 않는 전쟁에서는 미국

전투기를 이용할 수 없다. 미국 측에서 이 소모품을 공급해주어야만 전투기를 사용할 수 있는 것이다. 한국이 미국의 동맹국인 일본을 공격한다면, 미국은 이 소모품을 공급해주지 않을 것이다. 한국이 승리할 가능성이 크다고 기대하는 한일 간 전투기 싸움은 이루어지지 못한다.

그러면 한국이 미국의 동맹국이 아니면서 일본을 공격하려고 한다면 어떻게 될까? 이 책에서는 한국이 미국의 동맹국에서 이탈해 나갔을 때 어떻게 될까를 이야기하고자 한다. 뒤에서 좀 더 심도 있게 논의할 사항이지만, 일단 여기에서 한국과 일본 간 전쟁이 발생하면 어떻게 될지 이야기하는 중이니 먼저 살펴보자. 한국이 미국의 전투기를 위시해 강력한 공군력을 가지고 있다지만, 이것은 어디까지나 미국의 동맹국으로서다. 한국이 미국 동맹국 위치에서 벗어나면 미국은 한국에 전투기 판매를 하지 않을 것이다. 미국이 아무리 돈을 좋아한다고 해도, 자기나 자기 동맹국을 공격할 가능성이 있는 나라에 전투기를 판매하지는 않는다. 이미 한국에 판매한 전투기에 대해서도 필수 소모품을 더 이상 공급하지 않을 것이다. 지금 한국이 보유하고 있는 공군력은 미국의 무기를 바탕으로 한다. 한국이 미국 동맹에서 벗어나면 미국은 비동맹국인 한국이 더 이상 그 무기들을 이용할 수 없게 할 것이다. 방법은 간단하다. 더 이상 필수 소모품을 공급하지 않으면 된다.

또한 한국이 미국의 동맹국이 아니면서 일본을 공격한다는 발상은 위험하다. 일본은 미국과 동맹을 맺고 있다. 한국이 일본을 공격하면 미국이 자동으로 개입한다. 한국이 일본과 싸워 이길 수 있다고 생각할 수는 있어도, 일본과 미국을 동시에 상대하면서도 이길 수 있다고 생각하면 곤란하다.

결국 한국이 공군력을 가지고 일본을 공격해서 승리를 얻는 것은 현실적으로 불가능하다. 한국의 공군력은 미국의 지원을 바탕으로 하는데, 미국은 한국이 미국 전투기를 이용해서 일본을 공격하는 것을 인정할 수 없다. 한국의 전투기는 미국이나 미국 동맹국을 공격할 수 없다. 싸우려 해도 싸울 수 없는 것이다. 한일 군사분쟁이 발생한다면, 결국 해군을 이용할 수밖에 없다. 하지만 해군은 일본의 상대가 되지 않는다. 현재로서는 인정할 수밖에 없는 한계라고 봐야 한다.

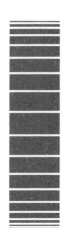

지금 일본이
공격할 수 없는 이유

일본은 분명히 한국과 싸워서 이길 힘이 있다. 그런데 일본은 왜 한국을 공격하지 않을까? 과거에 전쟁을 일으킨 것을 후회하고 더 이상 전쟁을 벌이지 않기로 스스로 결심해서일까? 일본이 한반도를 식민지로 삼은 과거사를 진심으로 반성해서일까? 그럴 리는 없지 않은가. 최소한 한국인이라면 역사적 과정과 그간의 행적을 통해 일본이 과거 한국 식민지배를 반성하거나 뉘우치지 않고 있다는 것은 모두 알고 있다.

그러면 더 이상 한국에 관심이 없어서일까? 한국이 어떻게 되든 일본과는 상관없다고 여기기 때문에 한국을 공격할 이유가 없는 것일까? 그럴 리도 없다.

고려 말, 일본이 고려를 공격한 이유는 약탈하기 위해서였다. 이때 고려를 약탈한 것은 일본 정규 군인이 아니라 왜구, 즉 해적이었다. 해적이라고 해도 제대로 훈련받은 해적이라기보다는 주로 일본 규슈 지역의 바닷가에 사는 주민들이었다. 고려의 바닷가 마을을 습격해서 재화를 훔쳐가도 아무일 없으니까 그런 짓을 했다. 고려 사람들의 공격으로 자기들이 큰 피해를 당하지도 않았고, 일본 내부에서도 그런 짓을 한다고 잡아가는 사람도 없었다. 쉽게 말해서, '해도 되니까' 한 것이다.

임진왜란 때 일본이 조선을 공격한 이유는 중국에 진출하기 위해서였다. 당시 일본의 권력자 도요토미 히데요시는 일본을 통일하고 명나라까지 통일하려고 했다. 일본은 외따로 떨어져 있는 섬나라이다. 명나라로 가려면 한반도를 거칠 수밖에 없다. 이때 조선은 명나라와 일본을 잇는 통로이기 때문에 습격을 당했다. 조선의 지정학적 위치 때문에 공격받은 것이다.

근대에 일본이 조선을 공격한 이유는 위의 두 가지가 다 포함된다. 일단 '해도 되니까' 한 것이다. 일본이 조선을 공격한다고 해서 뭐라 하는 사람은 없다. 조선 사람들이 뭐라 하겠지만, 비난한다고 공격을 안 하는 것은 아니다. 공격을 안 하는 경우는 상대방이 자신의 공격을 힘으로 막고, 나아가 보복하는 것이 두려울 때다. 조선은 일본의 침략을 막을 힘도 없었고, 보복할 능력도 없었다. 조선이 뭐라 하는 것은 무섭지 않았다. 하지만 다른 나라들이 뭐라 하는 것은 신경이 쓰였다. 그래서 청나라와 싸우고, 러시아와 싸웠다. 영, 미는 자기 편으로 만들었다. 더 이상 제어하는 국가도 없고, 마음대로 해도 되는 상태가 되자 조선을 합병했다.

그리고 한반도의 지정학적 위치의 중요성이 점점 커진 것도 19세기 이후 일본이 조선을 침략한 주요한 원인이다. 과거에는 중국 따로, 일본 따로, 한국 따로 살 수 있었다. 한국과 중국이 어떻게 되든, 일본은 침략당하지 않을 수 있었다. 하지만 교통과 통신이 발달하면서 이제 더 이상은 별개의 관계가 아니다. 중국과 한국의 정치적 상황, 국제 정세에 일본의 안위가 연결된다.

어느 나라든 자기 나라가 외부의 침입을 받지 않도록 하는 것은 제일 중요한 과제이다. 일본과 한국의 지정학적 위치 역시 문제였다. 일본 국토의 모양은 초승달 모양이다. 홋카이도, 혼슈, 규슈 등의 섬이 초승달 모양으로 길게 늘어서 있다. 그리고 이 달 모양의 중심에 한국이 있다. 한반도 반대쪽은 태평양이다. 적으로부터 직접적인 습격을 받을 가능성이 없다. 설사 태평양으로부터 공격해온다고 해도 그 상대방은 미국이다. 미국은 지금 일본의 가장 중요한 동맹국이다. 또 이미 1945년 일본은 전쟁에서 패해 미국에 항복했다. 이미 항복했고 지금 미국을 철저히 따르고 있는 이상, 미국이 또다시 일본을 공격할 가능성은 없다.

일본 입장에서 문제는 한반도다. 전체적인 군사력에서 한국보다 일본이 앞선다고 해도, 만일의 경우 한국의 기습공격은 피할 수 없다. 한국에서 함대를 띄우면 일본 전국의 서부 해안에 바로 상륙할 수 있다. 한국이 원의 중심이고, 일본이 원의 바깥 부분을 차지하는 데서 나오는 어쩔 수 없는 결과이다. 그래서 일본의 국방에는 한국이 중요하다. 한반도는 일본의 우방이어야 한다. 한반도가 일본의 적대국가가 되면 안 된다. 한반도와 적대관계가 될 경우, 일본은 자기 나라를 지키는 것이 굉장히 어렵다. 한반도가 일본을 침략할 수 있는 국가가 되면, 일본은 그 침략을 방어할 수 없다. 방어한다고 하더라도 일본 전역이 일단 공격을 받은 다음에 반격하는 것이다. 국가 안보 차원에서 치명적인 결과가 발생한다.

근대에 들어 일본이 한반도에 과도하게 관심을 가지고 식민지로 만들고자 쟁탈전에 주력한 것은 이 때문이기도 하다. 조선 말, 청나라가 조선에 대한 지배를 강화할 때, 일본은 어떻게든 청나라를 조선에서 몰아내려 했다. 일본이 대륙에 진출하기 위해서 한반도가 필요하지만, 동시에 청나라의 위협에서 벗어나려는 이유도 있었다. 조선이 일본을 침략할 가능성은 없다. 하지만 청나라가 조선을 통해 일본에 진출할 가능성은 있다. 원나라도 조선을 통해 일본 정벌군을 보냈다.

일본이 러일전쟁은 침략전쟁이 아니라 자위전쟁이었다

고 주장하는 이유도 이 때문이다. 일본은 중일전쟁, 인도차이나반도 침입은 침략전쟁이라 인정하고 있지만, 러일전쟁만은 다르다고 주장한다. 당시에 러시아가 한반도에 진출하려고 했다. 러시아가 한반도를 지배하면, 일본은 러시아에 바로 먹힌다. 러시아가 저 북쪽 연해주에서 일본을 공격하는 것은 막아낼 수 있어도, 한반도에서 공격하는 것은 막을 수 없다. 한반도가 적대국 손에 들어가면 안 된다. 즉, 일본의 안위와 직결되는 문제이기 때문에, 일본은 온 힘을 다해 러시아를 한반도에서 몰아낸다.

일본 입장에서 이 지정학적 문제는 지금도 동일하게 작동한다. 한반도가 적대국이면 안 된다. 한반도가 적대국이 되면, 한반도를 공격해서라도 적대국이 되지 않게 만들어야 한다. 지금은 북한이 일본의 적대국이지만, 한국은 일본의 우호국이다. 따라서 일본은 한국을 공격하지 않아도 된다. 하지만 한국이 일본의 적대국으로 돌아서면, 언제든 일본은 한국을 공격할 준비가 되어 있다고 보아야 한다.

지금 한국 정권은 일본에 적대적이다. 가까운 시일 내에 일본에 우호적인 입장으로 선회할 것이라고 생각하기도 힘들다. 그러면 일본이 한국을 공격할 가능성이 있지 않을까? 한국과 일본의 지정학적 이유가 중요하다고 하지만, 그것을 빼고도 일본은 역사적으로 계속해서 한반도를 침략할 의도를 가지고 있었고, 또 실제로 한반도를 침략했다. 독도 문제, 위안부 문제, 징용 문제 등을 빌미 삼아 한국을 공격할 이유도 있다. 무엇보다 지금 일본은 한국을 항복시킬 충분한 힘을 가지고 있다. 그런데 왜 일본은 한국을 공격하지 않을까?

일본이 착해서도 아니고, 일본이 과거사를 반성해서도 아니다. 한국이 일본의 침략을 물리칠 만큼 강한 국가라서도 아니고, 더 이상 한국에 관심이 없어서도 아니다. 일본이 한국을 침략할 생각을 하지 못하는 이유는 한 가지이다. 미국이 일본의 한국 침략을 인정하지 않기 때문이다. 미국에는 한국도 일본도 동맹국이다. 동맹국끼리 싸우는 것은 미국이 받아들이지 않는다. 지금 미국은 일본이 한국과 전쟁을 벌이는 것을 절대 인정하지 않는다. 미국의 이 요구를 일본은 무시할 수 없다. 설사 미국의 의사에 반해 일본이 한국으로 향하는 바닷길을 막는다면, 미국 함대가 나서서 그 바닷길을 열어줄 것이다. 일본 해군력은 세계 2위이지만, 미국 해군력은 세계 1위이다. 일본군은 미군을 이기지 못한다.

일본이 충분히 한국을 이길 힘이 있음에도 한국에 쳐들어오지 않는 이유. 그 이유를 우리는 분명히 인식하고 있어야 한다. 강조하지만 일본이 평화를 사랑해서도, 한국군이 일본군을 물리칠 능력이 있어서도 아니다. 일본의 과거 침략을 반성해서는 더더욱 아니다. 미국이 반대하기 때문이다. 1905년 미국의 승인으로 일본이 한반도를 식민지화했듯이, 지금은 미국의 반대로 일본이 한국을 침략하지 못한다. 이 사실이야 말로 현시점에서 한미동맹의 폐기가 무엇을 의미하는지, 나아가 한국이 중국 편에 선다는 것이 무엇을 의미하는지를 이해하는 시작점이 되어야 한다.

2장

팍스 시니카와
팍스 아메리카나:
21세기의 세계 판도

떠오르는 해 중국,
지는 해 미국

　　지금 세계 최강대국은 미국이다. 중국은 아직 미국의 힘에 미치지 못한다. 하지만 앞으로는 중국이 미국을 제칠 수 있지 않을까? 이제는 한국이 중국 편을 들어야 한다고 주장하는 사람들의 주된 이유도 바로 이 점이다. 이들은 앞으로도 미국이 계속 세계 최강대국으로 남아 있을 것이지만, 그래도 한국은 중국 편이 되어야 한다고 주장하는 게 아니다. 더 정확하게는, 지금은 미국이 최강대국이나 앞으로는 중국이 미국을 제치고 세계 최강대국이 될 것이기 때문에 지금부터라도 중국 편을 들어야 한다는 주장으로 보는 것이 맞을 것이다. 미국을 능가하는 세계 최강대국은 아니더라도, 최소한 아시아의 맹주는 될 것이라 보고 중국 편이 되자고 이들은 이야기한다.

　　지금부터 중국 편을 들지 않고, 실제로 세계 최강대국이 된 이후에 중국 편을 들 수도 있다. 하지만 아직 최강대국이 아닐 때 편을 들기 시작하는 것과 최강대국이 된 이후에 편을 드는 것에는 엄청난 차이가 있다. 최강대국이 된 이후라면 모든 나라가 다 그렇게 할 것이다. 중국은 자기 편을 들어준다고 고마워하거나 특별히 생각하지 않을 것이다. 최강대국이 된 이후에 중국 편을 드는 것은 당연한 일이기 때문이다.

하지만 아직 중국이 최강대국이 되지 않은 상태에서 중국 편을 들기 시작하면 어떨까? 이때 중국은 한국에 고마워할 것이고 한국을 특별하게 생각할 것이다. 나아가 중국이 세계 최강대국이 되는 데 동반자 역할을 할 수도 있다. 중국이 최강대국이 될 때 같이 길을 가는 협력국이 된다는 것은 한국에 엄청난 이득이 될 수 있다는 생각이다.

현재 한국은 미국의 동맹국이지만, 미국의 동맹국은 전 세계적으로 48개국이나 있다. 한국이 미국 편이라 하지만, 일본, 영국, 사우디아라비아 등보다 한국이 미국에 더 중요한 나라라고 볼 수 있을까? 한국은 미국의 무수한 일반적인 동맹국 중 하나일 뿐이다.

이에 비해 지금 중국은 자기 편이라 할 만한 국가가 많지 않다. 북한과 파키스탄이 동맹국이지만, 사실 중국이 최강대국이 되는 데 별 도움이 되지는 않는다. 이때 한국이 중국 편이 되면 한국은 중국의 특별한 나라가 될 수 있다. 한국이 미국에는 그저 그런 나라 중 하나이지만, 중국에는 아주 특별한 나라가 될 수 있다. 중국이 정말로 다음 세대 최강대국이 된다면, 지금부터 중국 편을 드는 것이 한국에 굉장히 유리한 선택이라는 주장이다. 더욱 자세하게 살펴보자.

지금 미국은 지는 해이고, 중국은 떠오르는 해이다. 그러면 당연히 떠오르는 해 편을 들어야 한다. 지금은 미국의 해가 더 높이 떠 있고, 중국은 낮게 떠 있다. 하지만 앞으로 미국의 해는 떨어질 것이고, 중국의 해는 더 올라갈 것이다. 미래를 보아야 한다. 과거에 미국의 해가 높았고, 지금도 미국의 해가 높다고 해서 미국을 추종하는 것은 전략상 큰 실패일 수 있다. 또 그동안 계속해서 미국 편을 들었다는 이유로 지는 해인 미국 편을 드는 것은 더 큰 전략상의 실패이다.

한국은 이미 떠오르는 해와 지는 해를 잘못 판단해서 국가적 곤란을 받은 역사가 있지 않은가. 명나라와 청나라가 다투던 시절, 조선은 그동안 계속해서 명나라와 잘 지냈다는 이유로 명나라와의 관계를 고수했다. 당시 조선은 청나라가 떠오르는 해이고, 명나라는 지는 해라는 것은 알고 있었다. 그럼에도 조선은 계속해서 명나라 편을 들었다. 명나라는 이때 이미 200년 넘게 조선이 섬기던 나라였다. 그동안 계속 명나라를 섬겼는데 지금 배반할 수는 없다는 논리였다. 더구나 명나라는 조선이 임진왜란으로 어려움에 부닥쳤을 때 구해준 나라이다. 임진왜란 당시 조선은 일본군을 물리칠 군사가 부족했다. 명나라가 군사를 파견했기 때문에 살아남을 수 있었다. 임진왜란에서 일본을 물리칠 수 있었던 원인으로는 주로 두 가지, 이순신의 조선 수군, 그리고 명나라 군대를 든다. 이순신의 조선 수군이 승리의 일등 공신이라는 점은 이해할 수 있다. 그런데 명나라 군대가 정말로 그렇게 중요했을까? 명나라는 조선에서 열심히 싸우지도 않고, 또 전투에서 승리한 적도 거의 없다. 그럼에도 불구하고 명나라 군대는 조선에 굉장히 중요했다. 일본군은 수만 명 단위로 군사작전을 시행했다. 한번 부대가 이동하면 1만 명 이상이 움직였다. 그러면 일본군의 진격을 막기 위해서는 우리도 1만 명 이상의 군대를 그 앞에 세워놔야 한다. 그런데 당시 조선에는 1만 명 정도의 병사를 일본군 앞에 내놓을 여력이 없었다. 어쨌든 명나라는 1만 명 이상의 군대를 일본군 앞에 내세울 수 있었고, 그러니 일본군도 쉽게 진격할 수 없었다. 명나라는 조선이 어려울 때 반드시 필요한 지원군의 역할을 했다. 그런데 지금 명나라가 어렵다고 배신할 수는 없다. 조선은 명나라에 대해 끝까지 의리를 지키고자 했다. 명나라와의 관계를 끝내고 청나라와 관계를 맺고자 하는 광해군을 '무도한 왕'이라고 쫓아냈다. 조선 정부는 떠오르는 청나라를 무시하고, 지는 명나라와의 관계를 고수했다.

하지만 국제 역학관계의 변화를 따르지 못한 조선의 운

명은 참혹했다. 병자호란을 당하고 왕이 청나라 황제 앞에 세 번 절하고 아홉 번 머리를 찧는 수모를 당했다. 조선 왕조 역사 500년에서 조선 왕이 다른 나라 왕에게 무릎을 꿇은 것은 이것이 처음이자 마지막이다. 당시 지는 해에 충성했던 조선은 지금까지도 치욕의 역사로 남아 있다. 떠오르는 해, 지는 해가 있으면 떠오르는 해 편을 들어야 한다. 그것이 올바른 역사적 판단이다.

지금은 분명 중국이 미국보다 약하다. 하지만 현재가 아니라 미래를 보아야 한다. 미래에는 중국이 최강대국이 될 것이다. 최소한 아시아의 맹주는 될 것이다. 한국은 떠오르는 최강대국인 중국 편에 서야 한다. 이것이 팍스 시니카Pax Sini-ca를 지지하는 입장의 주장이다.

그리고 한국이 중국 편에 선다고 해서 큰 변화가 생기는 것은 아니다. 원래 자리로 돌아가는 것뿐이다. 역사적으로 한국은 계속해서 중국 편에 서왔다. 신라 때는 당나라 편이었고, 고려 때는 송나라, 원나라 편이었다. 조선 때는 명나라, 청나라 편이었다. 중국과 한국은 옆에 붙어 있는 나라이고, 2000년 가까이 같은 편이었다. 한국이 중국 편에서 벗어난 것은 1894년 청일전쟁 이후 100년이 조금 넘었을 뿐이다. 중국 편에 있던 2000년의 시간과 비교하면 아주 잠깐이다. 역사적으로 한반도와 중국은 떼려야 뗄 수 없는 사이이다. 미국이 지금 한국 편이라 하지만, 앞으로 천년만년 동맹 관계에 있을 것이라고 생각하기는 다소 힘들다. 하지만 중국은 지리적으로 계속 한반도 옆에 있다. 미국은 언젠가는 세계 최강대국의 지위를 내려놓을 것이고, 그러면 한국은 다시 중국 편이 될 가능성이 크다. 그렇다면 아직 최강대국이 되기 전, 중국이 미국을 공식적으로 능가하기 전에 미리 중국 편이 되는 것이 낫지 않을까?

그런데 여기에서 우리에겐 보다 근본적인 질문이 필요하다. 중국 편이 되어야 한다는 논리에는 앞으로 중국이 미국을 넘어설 것이라는 기본 전제가 깔려 있다. 그런데 정말로 중국은 미국을 능가할까? 팍스 아메리카나가 계속 이어질 가능성은 없을까? 팍스 시니카와 팍스 아메리카나를 주장하는 주요 논리를 다시 경제력과 군사력, 세계사적 가치 측면에서 살펴보자.

팍스 시니카와 경제
─미국을 능가하는 중국의 경제력

현재 중국은 그야말로 약진하고 있다. 최근 몇 년 동안 그 성장세가 이전 같지 않다고 해도 그것은 어디까지나 몇 년만을 보았을 때이다. 지난 몇십 년을 기준으로 보면 전 세계에서 중국만큼 크게 성장한 나라는 없다. 2020년 코로나19 사태로 중국 경제가 어려워졌다고 해도 2.3%의 경제성장률을 보이는데, 이는 다른 나라가 대부분 마이너스 경제성장을 한 것과 비교하면 월등히 높다. 중국이 다른 나라보다 더 빨리 성장하고 있다는 점은 부인할 수 없다. 중국은 지난 40년 사이 세계에서 가장 대표적인 공산주의 국가에서 개도국으로, 중진국으로, 세계 최강대국으로 변화해가고 있다. 중국은 지금 세계 최강대국인 미국과 맞대응할 수 있는 몇 안 되는 국가 중 하나이다. 나아가 앞으로 시간이 지나면 미국을 능가할 수 있는 최강대국이 될 것이다.

이처럼 중국이 미국을 능가할 것이라고 보는 이들의 근

거는 무엇일까? 많은 사람들이 중국이 앞으로 미국을 이길 것이라고 보는 주된 이유는 경제성장률의 차이 때문이다. 2019년 기준 미국 GDP는 21조 4,277억 달러이고, 중국 GDP는 14조 3,429억 달러이다. 미국이 중국의 경제규모보다 1.49배 크다. 분명 미국이 세계 최강대국이다. 중국이 그동안 발전했다지만 미국에는 여전히 상대되지 않는 것으로 보인다.

그런데 문제는 경제성장률이다. 중국의 경제성장률은 미국보다 월등히 높다. 최근 몇십 년간 중국은 연 8% 이상의 경제성장을 해왔다. 이 경제성장을 바탕으로 현재의 중국으로 급부상했다. 현재 중국의 경제성장률이 낮아졌다고 하지만, 그래도 5%가 넘는다. 미국의 경제성장률은 아무리 높아야 1~2%대이다. 앞으로 중국의 경제성장률이 더 떨어진다고 해도 3~4%는 될 것이다. 그러면 결국 중국의 경제규모는 미국을 넘어설 것이다. 사실 중국이 미국의 경제규모를 넘어서는 것은 시간문제일 뿐이다. 짧으면 10년, 길면 몇십 년 내 중국은 미국을 넘어설 전망을 보인다. 중국이 미국을 제치고 세계 최대 경제대국이 될 날이 머지않았다.

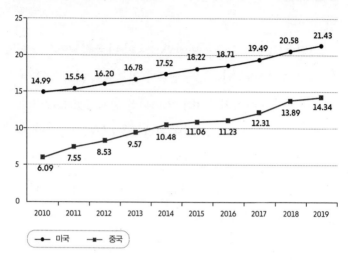

그림 1 미국과 중국의 GDP 추이　　　　　　　　(단위: 조 달러)

미국: 14.99, 15.54, 16.20, 16.78, 17.52, 18.22, 18.71, 19.49, 20.58, 21.43

중국: 6.09, 7.55, 8.53, 9.57, 10.48, 11.06, 11.23, 12.31, 13.89, 14.34

2010 2011 2012 2013 2014 2015 2016 2017 2018 2019

◆— 미국　　■— 중국

*출처: 국내총생산(당해년가격) 2010 – 2019, KOSIS(국가통계포털, 통계청).

　　혹자는 중국 GDP가 미국 GDP를 넘어서는 것일 뿐, 1인당 GDP가 미국을 넘어서는 것은 요원하다는 점에서 중국 발전의 한계를 말하기도 한다. 2019년 현재 미국의 1인당 GDP는 6만 5,281달러, 중국의 1인당 GDP는 1만 262달러이다. 중국 경제가 좋다, 성장했다 어떻다 해도, 중국 1인당 GDP 수준은 개도국 수준일 뿐이다. 사실 아직 중진국 수준으로 보기도 어렵다. GDP 규모로 비교하면 미국의 GDP는 중국 GDP보다 1.49배 높다. 중국의 경제성장률이 현재 상태로 유지되면 10년 정도면 뒤집힐 수 있다. 하지만 1인당 GDP는 미국이

중국보다 5.17배나 높다. 몇십 년 사이에 뒤집힐 수 있는 수준
이 아니다.

1인당 GDP를 기준으로 하면 중국이 미국을 넘어서기 힘
든 것이 맞다. 미국인은 중국인보다 앞으로도 더 잘살 것이
다. 하지만 국력은 1인당 GDP가 아니라 전체 GDP를 기반으
로 한다. 마카오의 1인당 GDP는 8만 4,096달러이다. 룩셈부
르크의 1인당 GDP도 11만 4,705달러로 미국보다 훨씬 높다.
하지만 전 세계 어느 누구도 마카오가 강력한 힘을 가졌다고
생각하지 않는다. 룩셈부르크의 1인당 GDP가 미국보다 월등
히 높다고 해서, 룩셈부르크를 미국을 능가하는 강국으로 보
지도 않는다. 강대국이냐 아니냐, 국제무대에서 얼마나 힘을
가지느냐는 1인당 GDP가 아니라 국가 전체 GDP를 기준으
로 하기 때문이다. 중국인 개개인의 삶은 풍족하지 않더라도,
중국은 충분히 강대국이 될 수 있다.

반면 중국 경제에 대해 비관적인 시각을 보이는 사람들
도 많다. 중국이 경제위기를 겪을 것이라는 전망을 하기 때문
이다. 중국은 엄청난 부채를 가지고 있다. 언젠가 이 부채 문
제는 터질 수밖에 없고, 그러면 중국 경제도 끝난다고 예측
한다. 중국이 심각한 불황에 빠지면 중국 경제가 미국 경제를
능가할 수도 없다.

나 역시 중국이 경제위기를 겪을 것으로 본다. 중국이 부

채를 중심으로 성장한 것은 맞고, 그렇게 되면 결국은 대량부
도를 맞이할 수밖에 없다. 중국 정부가 이를 막기 위해서 노
력한다고 하지만, 설사 금융위기를 막는다고 해도 그로 인한
부작용은 피할 수 없다. 중국 경제가 위기를 맞이할 수 있다
는 예측은 그 가능성이 크다.

그런데 금융위기를 맞는다고 그 나라 경제가 끝장나고
회복 불능에 빠지는 것은 아니다. 당장 한국도 1997년 국가
부도 위기사태를 맞고 IMF 금융위기를 겪었다. 당시 한국은
정말로 무너져내리고 있었고, 선진국으로 도약하려던 꿈도
완전히 좌절되었다. 하지만 IMF 금융위기를 겪었다고 해서
한국이 정말로 끝장났는가? 몇 년간 힘들었던 것은 사실이지
만, 곧 금융위기를 이겨냈다. 당시 한국만이 아니라 타일랜드
등 동남아 국가도 모두 같이 위기를 겪었다. 이들 국가도 모
두 시간이 지난 후에 금융위기의 후유증에서 벗어났다. 위기
를 겪으면서 경제 체질이 더 좋아졌고, 지금은 그때보다 더
잘나가고 있다.

당장 미국만 해도 1929년 대공황, 1970년대 석유파동으
로 인한 장기경제불황, 2008년 금융위기를 겪었고 여러 차
례 경제가 침체되었다. 하지만 곧 그 위기를 이겨내고 다시
성장했다. 중국 역시 금융위기를 겪고 경제가 어려워질 것이
다. 하지만 그것 때문에 중국 경제가 완전히 끝장나고, 다시

는 미국과 경쟁할 수 없게 된다고 보는 것은 무리이다. 물론 금융위기를 맞은 이후 더 이상 견실한 성장을 보여주지 못하는 나라도 있다. 아르헨티나 등이 그런 나라들이다. 하지만 일반적으로는 금융위기를 이겨낸다. 중국도 금융위기로 어려워지겠지만, 결국은 극복하고 더 나아갈 것으로 보는 게 더 합리적이다.

세계 최강대국이 되는 데 경제력이 반드시 중요한 것은 아니라는 반론도 있다. 19세기부터 20세기 초까지 세계 최강대국은 영국이었다. 하지만 당시 영국이 세계 최대 GDP 국가는 아니었다. 미국이 영국 GDP를 넘어서고 세계 최대 GDP 국가가 된 것은 1872년이다. 그런데 미국이 경제력으로는 세계 최대였지만, 국제무대에서 최강대국이 된 것은 1940년대 이후이다. 무려 70년 정도의 시차가 있다. 경제력은 그렇게 중요하지 않다.

경제력이 높다고 해서 당장 세계 최강대국이 되는 것은 아니다. 하지만 이것도 결국은 시간문제일 뿐이다. 당대의 벼락부자는 귀족으로 인정받지 못한다. 하지만 2대, 3대가 지나면 이 벼락부자 집안도 중요한 귀족 집안으로 인정받는다. 세계 최대 경제력을 가지면 지금 바로는 최강대국이 되는 건 아니지만, 시간이 지나면 결국 세계 최강대국의 면모를 가지게 된다. 중국이 세계 최강대국이 되는 것은 시간문제일 뿐이다. 시간이 좀 걸릴 뿐 언젠가는 다가올 현실이다. '우리가 중국 편에 서야 한다'라는 주장은 기본적으로 이런 논리를 바탕으로 하고 있다.

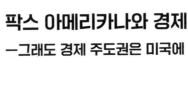

팍스 아메리카나와 경제
―그래도 경제 주도권은 미국에

중국 경제의 우월성을 주장하는 사람들은 중국 경제의 규모, 특히 GDP가 곧 미국을 넘어설 것이라는 점을 강조한다. 지금은 중국이 미국보다 GDP 규모가 낮지만 얼마 지나지 않아 중국의 경제규모는 미국을 넘어설 것이다. 중국이 세계 1위의 경제대국이 되는 것은 시간문제일 뿐이다.

지금 미국 파워의 근본은 경제력에 있다. 미국의 국방력이 세계 최강이라 하지만 국방도 사실은 돈이다. 첨단무기를 개발하고 유지하는 데는 엄청난 돈이 드는데, 미국 경제력이 이것을 감당할 수 있는 것이다. 중국이 세계 최고의 경제력을 가지게 되면, 중국이 국방력에 쏟아붓는 돈도 세계 최대가 된다. 그러면 중국이 미국의 군사력을 넘어서는 것도 시간문제이다. 중국의 경제규모가 머지않아 미국을 넘어서리라는 것은 사실로 보인다. 그리고 군사력 또한 경제력에 의해 뒷받침되는 것도 맞다.

그러면 정말로 중국 경제가 미국 경제를 이길 수 있을까? 미국 편을 드는 사람들은 중국 경제가 미국 경제를 넘어설 수는 없다고 주장한다. 미국 경제의 진정한 파워는 무엇일까? 세계 최대의 경제력일까? 물론 경제력도 중요하다. 그런데 미국이 세계 경제를 지배하게 된 주된 원인은 단순히 높은 GDP 때문이 아니다. 미국의 GDP는 이미 19세기 말에 세계 최고 수준이었다. 하지만 이때 미국 경제가 세계를 지배했던 것은 아니다. 미국의 GDP는 영국, 프랑스, 독일을 능가했지만, 이때까지 단지 미국은 풍요로운 국가일 뿐, 세계 경제에 대한 지배력은 없었다.

미국 경제가 세계를 지배한다는 말이 나온 것은 20세기 초가 지나서이다. 19~20세기 초는 세계 산업 발전에서 획기적인 시기이다. 우리가 지금 사용하는 주요 기기들이 당시 발명되고 산업화되었다. 자동차, 전신, 전화, 비행기, 라디오, TV, 전구 등이 모두 이때 산업화된다. 그런데 이런 새로운 산업기술 체제를 만들고 발전시킨 것이 미국이다.

미국이 처음으로 이런 기술을 발명한 것은 아니다. 대부분의 기술은 유럽에서 발명되었다. 최초의 자동차, 전구는 유럽의 발명품이다. 하늘을 나는 비행선도 유럽에서 처음 발명된다. 하지만 이런 것들을 산업화하고 일반화한 것은 미국이다. 에디슨은 전구를 일반적으로 사용할 수 있도록 개량하고 공장에서 생산했다. 자동차는 미국에서 대량생산되면서 일반인들이 구매할 수 있게 된다. 미국에서 라이트 형제가 글라이더 형태의 비행기를 만들면서 항공산업이 형성된다. 다른 나라에서는 이런 것들을 처음 만들어내도 산업화하지는 못했다. 미국에서 산업화를 실행했고, 다른 나라는 미국의 성공을 보고 미국을 따라 산업화에 박차를 가했다.

현대에서 우리의 일상이 되고, 또 일상이 될 것으로 예상되는 새로운 발명품들을 보자. 인터넷, 스마트폰, 온라인 쇼핑, 전기자동차, 인공지능 등이 이미 일상을 점거하는 중이다. 이런 것들도 모두 미국에서 처음 만들어지고 발전 중인 산업이다. 미국에서 처음 만들어지고 유명해진 다음, 다른 나라에서 미국을 따라 자기 나라에도 해당 기업을 만드는 것이다.

미국인이 다른 나라 사람들보다 훨씬 똑똑해서 새로운 사업을 만들어내는 걸까? 그렇지는 않다. 호모 사피엔스의 능력은 어느 국가 출신이냐에 따라 크게 달라지지 않는다. 인간의 능력은 대체로 비슷하다. 그런데 미국에서는 새로운 사업을 추진하고 만들 수 있는 시스템이 잘 갖추어져 있다. 페이팔, 테슬라를 세운 일론 머스크는 현재 미국을 대표하는 사업가이다. 그런데 일론 머스크는 미국 출신이 아니다. 남아프리카공화국 출신으로, 대학 시절 미국으로 이주했다. 그럼 일론 머스크가 미국에 이민을 오지 않고 계속 남아프리카공화국에 살았다면 테슬라를 만들 수 있었을까? 아무리 일론 머스크가 우수하고 창의적이고 열정이 강하다 해도 어쩌면 불가능하다. 각종 법, 규제, 사회적 관습이 새로운 산업이 만들어지는 것을 막을 수 있다. 일론 머스크의 성공은 미국이라서 가능했다.

지금 중국의 경제규모가 세계적으로 커지고 있다. 그런데 중국 기업 중에서 정말로 중국이 독자적으로 만든 새로운 산업이 있는가 살펴보자. 알리바바는 온라인 상거래 기업이다. 미국 아마존 온라인 상점을 중소기업에 적용한 것이다. 바이두는 미국의 야후, 구글의 중국판이다. 텐센트는 미국의 온라인 게임을 중국화해서 만들어진 기업이다. 중국에는 거대한 철도회사, 금융회사, 전자회사 등이 많지만, 중국이 자체적으로 처음 개발한 기술과 상품은 없다. 모두 이미 세계적으로 유망한 상품을 중국에 처음 소개해서 성공한 기업들이다. 그리고 중국의 광대한 인구와 시장을 바탕으로 세계적인 규모를 가지게 된 기업들이다. 음식 등 원래 고유한 문화를 바탕으로 한 것 이외에 중국이 새로 만들어 세계에 영향을 미친 산업은 보이지 않는다.

이것은 중국 경제에 문제가 있기 때문이라고 보기는 힘들다. 중국뿐만이 아니라 일본, 한국, 그리고 유럽도 동일한 문제를 가지고 있기 때문이다. 지금 우리 주위에서 사용하는 주요 기기들은 대부분이 미국에서 만들어지고 산업화된 것이다. 일본과 한국은 기존에 알려진 것을 잘 만들고 저렴하게 만드는 일은 잘할 수 있지만, 새로운 산업을 만들어내는 것은 잘해내지 못한다. 새로운 산업을 만들어내는 것은 미국이 잘하고 있고, 사실 거의 미국만이 해내고 있다. 다른 나라가 못한다기보다는, 미국이 잘하고 있다고 봐야 한다.

1990년대 세계 경제를 휘어잡을 것처럼 위세를 떨치던 일본이 무너지게 된 것도 이 때문이다. 당시 주요 산업인 자동차, 전기전자, 조선 등의 분야에서 일본은 압도적인 경쟁력을 갖고 있었다. 그런데 1990년대 중반 인터넷을 중심으로 정보통신혁명이 시작된다. 물론 미국이 주도했다. 기존 산업에서는 절대적인 경쟁력을 갖춘 일본이었지만, 인터넷으로 새로운 시대가 만들어지는 변화에는 제대로 대처할 수 없었다. 자동차, 전기전자 등의 산업이 이미 발전하지 않았다면 일본도 이 변화에 쉽게 따라갈 수 있었을 것이다. 하지만 경제가 자리 잡기 전에 변화를 추구하기는 쉬워도, 이미 완전히 자리 잡은 이후에 변화하는 것은 어렵다. 일본 경제의 경쟁력은 급전직하했다.

지금 중국은 알리바바, 텐센트, 바이두 같은 정보통신산업 이외에 철강, 철도 등 소위 전통 산업에서도 높은 경쟁력을 가지고 있다. 그런데 앞으로 중국에서 세계 최초로 새로운 산업이 만들어질 수 있을까? 쉽지 않다. 이 일은 금세기에 미국만이 할 수 있었다.

지금과 같은 경제 체제가 계속 이어진다면 중국은 분명히 경제규모에서 미국을 앞서나갈 것이다. 하지만 미국은 앞으로 계속해서 새로운 기술을 만들고 새로운 산업을 발전시킬 것이다. 새로운 산업의 등장으로 산업 패러다임이 변하면, 지금의 중국은 더 이상 세계 경제에서 주도적 역할을 하지 못한다. 미국이 정보통신산업을 발전시키면서 일본이 세계에서 산업 선도자 자리를 잃어버렸듯이, 중국도 그렇게 될 가능성이 크다. 중국도 첨단산업을 일으키려고 국가적 노력을 하고 있지 않으냐고? 물론 중국도 새로운 첨단산업을 발전시키려고 하고 있다. 그런데 지금 첨단산업이라고 말하면서 국가가 육성하고자 하는 것이 무엇인가 세세히 보자. 인공지능, 공유경제, 재생에너지, 블록체인, 바이오산업 등이다. 모두 미국에서 먼저 시작되고 발전하고 있는 것들이다. 이런 식으로는 진정한 경제 선두주자가 되지 못한다. 미국의 패러다임을 따라갈 뿐이다.

세계 경제 주도권은 경제규모에서 나오는 것이 아니다. 혁신 능력, 새로운 산업을 만들어내는 창조력에서 나온다. 중국은 경제규모 측면에서는 미국을 능가할 수 있다. 하지만 새로운 산업을 만들어내는 능력에서는 아직 미국이 비교할 국가가 없이 압도적이다. 세계 경제는 계속해서 미국이 이끌어 갈 것이다. 미국이 계속 세계를 지배할 것이라는 것이 팍스 아메리카나 주장의 주된 논리이다.

팍스 시니카와 국방
ㅡ미국을 넘어서는 중국의 군사력

경제력에서의 미국 우위를 주장하는 앞의 주장과 함께, 중국이 미국을 넘어설 수 없다고 평가하는 사람들이 거론하는 주요 이유 중 하나는 군사력이다. 현재 중국의 경제력이 미국을 능가할 가능성이 있는 것은 사실이다. 하지만 중국의 경제력이 미국을 넘어선다고 중국이 미국을 능가하는 강대국이 되는 것은 아니다. 강대국 여부를 판단하는 가장 절대적인 기준은 군사력이다. 경제력이 아니다. 서로 싸웠을 때 상대방을 이길 수 있는 나라가 강국이지, 돈만 많다고 강대국이 되는 것은 아니다.

지금 세계에서 가장 군사력이 강한 국가는 미국이다. 미국의 항공모함 전대는 천하무적이다. 미국의 전투기도 다른 나라의 전투기 성능을 능가한다. 경제력 측면에서는 중국이 미국을 넘볼 수 있다. 하지만 군사력은 아니다. 군사력 측면에서 중국은 미국의 상대가 되지 않는다. 군사력에서 현격한

차이가 존재하는데, 중국이 세계 강대국이 되는 것은 기대하기 어렵다는 것이 팍스 아메리카나Pax Americana를 옹호하는 입장이라 할 수 있다.

그런데 1980년대 역사학자 폴 케네디가 쓴 책으로, 세계적으로 베스트셀러가 되고 명저라는 평가를 받는 책이 있다. 『강대국의 흥망』이다. 이 책의 주제는 강대국 여부를 결정하는 것은 경제력이라는 것이다. 기존 이론에서는 많은 사람들이 강대국을 결정하는 요소가 군사력이라고 알고 있다. 역사상 강대국이 대두된 것은 무엇보다 군사력이 강했기 때문이다. 영국은 스페인과 치른 아르마다해전에서 이긴 후 세계 강대국 대열에 올라선다. 나폴레옹은 독일 등 유럽 국가들과의 전쟁에서 승리하면서 프랑스를 강대국으로 만들었고, 일본은 청일전쟁, 러일전쟁에서 승리하면서 동아시아의 맹주로 떠오른다. 그리고 미국은 1차세계대전, 2차세계대전에서 승리하면서 세계 강대국이 된다. 강대국은 전쟁에서 이겨서 강대국으로 자리매김한 것이다. 따라서 일반적으로 강대국이 되기 위한 가장 중요하고 필수적인 조건은 군사력이라는 것이다.

하지만 폴 케네디는 그렇지 않다고 주장한다. 겉으로는 군사력이 중요해 보인다. 하지만 군사력을 결정짓는 요소가 바로 경제력이다. 군사력은 경제력과 따로 떨어져 있지 않다. 경제력이 강하면 군사력이 강하고, 경제력이 약하면 군사력

도 약하다. 겉으로는 군사력이 강한 국가가 이기는 것 같아
도, 그 실체는 경제력이 강한 국가가 군사력 측면에서도 승리
를 얻는 것이다.

　군사적 전략, 군대의 사기 등도 중요하다고는 하지만 그
중요성 측면에서 경제력에 미치지는 못한다. 하나하나의 전
투에서는 전략, 전투 기술, 무기 등이 중요할 수 있다. 그러나
전쟁의 승패 자체는 어디까지나 그 나라의 경제력에 의해서
결정된다. 가장 대표적인 예로, 미국과 일본이 치열하게 해상
에서 공방을 벌인 1940년대의 태평양전쟁을 보자. 미국이 태
평양전쟁에서 승기를 잡은 전투로 미드웨이해전이 있다. 이
해전에서 일본 항공모함 전대는 거의 전멸하고, 이후 제해권
이 미국에 넘어간다. 미국이 태평양을 지배하면서, 곳곳에 흩
어져 있던 일본군은 보급을 받지 못해 무너져간다. 미드웨이
해전에서의 미국 승리가 태평양전쟁의 승리를 이끌었고, 미
드웨이해전에서의 일본 패배가 일본 멸망의 서곡이었다.

　미국이 미드웨이해전에서 승리한 이유로는 전쟁 전략, 전
술 우위, 니미츠 제독 등의 지도력 등을 든다. 그러나 미국이
만약 미드웨이해전에서 일본에 패했더라면 최종적으로 일본
이 전쟁에서 승리할 수 있었을까? 미드웨이해전 당시, 미국이
태평양에서 보유한 항공모함은 4척이었다. 만약 미드웨이해
전에서 일본이 이겨 미국 항공모함이 전멸했다고 하자. 그러

면 미국은 일본과의 전쟁에서 패배했을까? 그 당시 미국 본토에서는 전력을 다해서 군사물자를 생산하고 있었다. 항공모함도 건설 중이었다. 1942년 미드웨이해전에서 항공모함이 모두 몰살당했어도, 미국은 1943년에 새로운 항공모함 21척으로, 1944년에는 항공모함 44척으로 다시 싸울 수 있다. 그러나 일본의 생산력은 미국에 한참 못 미쳤다. 미드웨이해전 당시 일본의 항공모함은 모두 6척이었다. 이 중 4척이 미드웨이해전에 참여해서 전멸당했다.

그런데 만약 일본군이 이겨서 항공모함 4척이 모두 살아남았다면 어땠을까? 별문제 없이 생산이 이루어졌다고 하더라도 1944년에 일본의 항공모함은 10척 수준이었다. 그 당시 해전은 항공모함에 의해 결정이 났다. 미드웨이해전에서 미국의 항공모함은 3척, 일본의 항공모함은 4척, 서로 대등했지만 일본이 1척 더 많았다. 그런데도 미국이 승리했으니 훌륭한 전투라 칭송받는 것이다. 하지만 미드웨이해전에서 설령 미국이 졌더라도 1944년에는 미국 항공모함 44척, 일본 항공모함 10척이다. 이 정도 차이가 나면 일본군은 상대가 되지 않는다. 아무리 일본군이 용감하고 전략이 좋아도 소용없다. 결국 미드웨이의 승리 때문에 미국이 전쟁에서 이긴 것이 아니다. 미드웨이해전에서 미군이 패했다고 하더라도, 결국에는 미국이 이길 수밖에 없다. 전쟁의 승패를 결정짓는

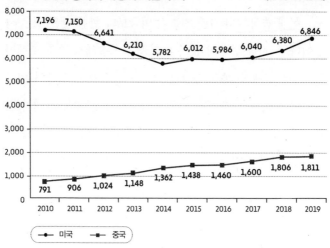

그림 2 미국과 중국의 국방비 지출 추이　　　　　(단위: 억 달러)

*출처: e - 나라지표. 주요 국가의 국방비 비교

것은 군수장비를 생산할 수 있는 경제력이다.

　이런 관점에서 보면, 현재 중국의 군사력이 미국에 뒤지기 때문에 강대국이 될 수 없다는 판단은 오류가 있다. 지금 미국의 군사력, 무기 기술력이 뛰어난 것은 분명하다. 그런데 이것은 미국의 경제력이 그만큼 뛰어나기 때문이다. 뛰어난 무기를 만들고 유지할 수 있는 충분한 경제력이 있기에 세계 제일의 군사력을 유지하고 있는 것이다.

　중국의 경제력이 미국을 넘어서면 중국은 미국보다 더 많은 돈을 군사력에 쏟아부을 수 있다. 더 좋은 무기를 만들어낼 수 있고, 군사기술을 개발할 수 있다. 미국보다 더 많은 돈을

들이부으면, 미국보다 더 나은 무기를 만들어낼 수 있다.

현재 중국의 군사비 지출이 미국보다 한참 낮은 것은 사실이다. 하지만 중국의 군사비 지출은 계속해서 증가 추세이다. 중국 경제가 계속 성장한다면 중국 군사비 지출이 미국 군사비 지출을 능가하는 것은 시간문제일 뿐이다. 그때가 되면 중국의 군사력은 충분히 미국 군사력과 대등한 위치가 될 것이고, 결국은 미국 군사력을 능가할 수 있다는 주장이다.

팍스 아메리카나와 국방
—압도적인 미국의 군사력과 실전 능력

미국의 군사력은 현재 세계 최강이다. 군사력을 판단하는 첫 번째 기준은 돈을 얼마나 많이 투여하느냐다. 한 나라가 국방비를 어느 정도 사용하느냐에 따라 국방력을 측정한다. 2020년 기준 미국의 국방비는 7,500억 달러이다. 2위, 3위, 4위 등을 모두 합친 것보다 더 많다. 미국은 국방비로 다른 나라가 넘볼 수 없는 엄청난 투자를 하면서 절대적인 군사력 우위를 누리고 있다.

그런데 사실 어느 한 나라의 군사력은 국방비 규모에만 있지 않다. 국방비 중 높은 비율이 인건비이다. 미국은 인건비가 비싸고 그래서 국방비 지출도 많다. 임금이 싼 나라라면 미국보다 훨씬 적은 국방비를 지출하면서도 미국과 동등한 수준의 장비를 갖출 수 있다. 중국은 인건비가 싸고, 일반 병사의 인건비는 더 싸다. 인건비를 제외한 순수한 국방력 측면에서는 중국이 앞으로 쉽게 미국을 넘어설 수 있다.

하지만 그럼에도 불구하고 팍스 아메리카나를 주장하는 사람들은 미국이 군사력 측면에서 다른 나라가 따르지 못하는 절대적인 우위를 가지고 있다고 본다. 전쟁에서 정말로 중요한 것은 실전 경험과 실전 능력이다. 세계에서 가장 실전 경험이 많은 국가가 미국이다. 미국은 계속해서 전쟁을 벌이고 실전 경험을 쌓아왔고, 또 지금도 실전 경험을 쌓고 있다.

강한 격투기 선수는 돈이 많고 몸집이 큰 선수가 아니다. 그동안 계속해서 실전을 겪어오면서 승리를 해온 선수가 강한 선수이다. 지금 세계에서 가장 많은 실전 경력을 쌓은 군대는 미군이다. 그리고 가장 많이 승리한 군대도 미군이다.

팍스 아메리카나, 즉 미국을 통한 세계 평화를 이야기하지만, 사실 미국은 전쟁으로 성장한 국가이다. 미국의 공식적인 첫 전쟁은 영국의 식민지 군대로 프랑스군과 싸운 프렌치인디언전쟁이다. 1754년부터 1763년까지 7년간 전쟁을 치렀다. 그리고 1775년 영국과 독립전쟁을 한다. 1812년에도 영국과 전쟁을 벌인다. 1846년에는 멕시코와 전쟁을 했다. 1861년에는 남북전쟁이 있었다. 그리고 19세기 내내 미국 서부에 남아 있는 원주민 인디언들과 계속 전쟁 상태였다. 1898년에는 스페인과 전쟁했고, 1917년에는 1차세계대전에 참전했다. 1941년에는 2차세계대전에 뛰어들었고, 1950년 한국전쟁이 있었다. 1964년 통킹만 사건을 계기로 베트남전쟁에 참전했고, 1991년에는 걸프전쟁이 있었다. 2000년대 이후로는 이라크전쟁, 아프가니스탄전쟁에 뛰어들었다. 이런 공식적 전쟁 이외의 군사작전도 무수히 많았다. 1961년 쿠바 침공작전, 1989년 파나마침공, 1986년 리비아공습, 1999년 코소보공습 등 수많은 군사작전이 이루어졌다. 1945년 2차 세계대전이 끝난 이후 세계에는 큰 전쟁이 없었다. 하지만 미국은 2차세계대전이 끝난 이후로도 한국전쟁, 베트남전쟁, 걸프전쟁, 이라크전쟁, 아프가니스탄전쟁 등을 계속 벌여왔다. 못해도 20년에 한 번은 전쟁을 한 셈이다.

20년에 한 번꼴로 전쟁을 한다는 것은 중요한 의미가 있다. 군대에 들어온 직업군인은 보통 20년 넘게 근무한다. 그러면 미군에는 항상 직접 전쟁을 겪어본 경험자들이 있다는 뜻이다. 병사나 장교가 25세부터 55~60세까지 군대에 복무한다고 보면, 이 중에는 항상 실전을 경험한 나이층이 존재한다. 특히 처음 군대에 들어왔을 때 전쟁을 치른 사람들은 제대할 때쯤 되면 그다음 전쟁을 맞이한다. 처음 전쟁에서는 신병이었던 군인이 그다음 전쟁에서는 지휘관 위치에 있게 된다는 것을 의미한다.

다른 나라는 아무리 국방비를 많이 사용하고, 군대가 많다 하더라도 이런 실전 경험이 적다. 한국이 실제 전투 경험을 가진 것은 1950년 한국전쟁, 1964년부터 1973년까지의 베트남전쟁 참전 경험이다. 베트남전쟁 당시 군인이던 사람들은 이미 예전에 모두 제대했다. 지금 한국 군대에는 실전 경험을 가진 사람이 없다. 일본은 1945년 태평양전쟁이 마지막 전쟁 경험이고, 아무리 어렸던 신병이라 하더라도 이미 90세는 넘었다. 군사강국이라고 하는 러시아, 영국, 프랑스, 독일도 마찬가지이다. 군사강국이라고 하지만 실전 경험은 적다. 러시아가 1980년대 아프가니스탄전쟁을 치렀는데, 이미 40년 전이다. 이때 병사들은 지금 현역에 없다.

중국은 1930년대 일본과 전쟁했고, 1945년 이후에는 국공내란을 겪었다. 그리고 1950년 한국전쟁에 참전했고, 1979년 베트남과 전쟁을 했다. 베트남과 전쟁했다고 하지만 이때 전쟁 기간은 한 달이었다. 전쟁이라기보다는 침공 수준이다. 그 이후 40년이 지났고, 이 당시 군인들은 모두 은퇴했다. 지금 중국 군대에는 실전 경험을 가진 사람은 없다.

미국은 다르다. 1990년 걸프전쟁 경험자들이 아직 군대에 있다. 2000년대 이라크전쟁, 아프가니스탄전쟁 경험자들은 지금 미군의 주축이다. 미군은 어느 한 가지 전쟁 형태만 경험한 것도 아니다. 베트남 정글에서의 전쟁, 이라크 사막에서의 전쟁, 아프가니스탄 고산지대에서의 전쟁 등 다양한 형태의 전쟁을 경험했다. 파나마침공 등에서 상륙작전도 벌였고, 공습도 여러 번 했다. 미국의 진짜 능력은 이런 다양한 전투 경험을 통한 실전 능력이라 할 수 있다.

군대 신무기가 계속해서 미국에서 나오는 이유도 이 때문이다. 전쟁을 하다보면 이전 무기, 장비에서 부족한 부분이 나온다. 그러면 실전에 맞게 무기, 장비를 개선한다. 그다음 전쟁에서는 그동안 개발된 무기와 장비를 실험적으로 사용한다. 그 과정에서 문제점, 한계점을 발견하고 다시 개선한다. 전쟁하고 새로운 무기, 장비를 만들고, 다음 전쟁에서 사용하면서 다시 문제를 찾고, 그 과정을 계속 수행한다.

이런 미국의 행태는 앞으로도 계속될 것이다. 미국에 있어서 전쟁은 단순히 자기 나라를 지키는 것만은 아니다. 미국의 경제, 기술 등 산업과도 밀접한 관련이 있다. 미국은 전쟁자본주의, 군산복합체가 경제를 지배하고 있다는 이야기가 괜히 나오는 것이 아니다. 미국의 산업계, 정치계는 군과 밀접한 관련을 가지고 있다. 과거의 경험을 보면 이런 주장이 전혀 근거 없는 것은 아니다. 당장 1929년 대공황으로 인한 경제침체를 끝낸 것은 루스벨트의 뉴딜정책 등이 아니라, 2차세계대전 참전이었다. 미국 경제가 어려울 때, 전쟁이 경제를 살리곤 한다.

전쟁의 이유는 무엇이든, 현재 미국 군대가 세계 최고의 실전 경험을 가지고 있다는 것은 분명하다. 다른 나라가 미국보다 더 많은 국방비를 지출할 수는 있다. 미국보다 더 많은 돈을 들여 무기를 개발할 수도 있다. 미국보다 더 많은 군사를 모을 수도 있다. 하지만 실전 경험 측면에서는 미국을 능가할 수 없다. 그리고 군사력은 다른 어떤 것보다 실전 경험이 중요하다. 미국의 군사 우위는 계속될 것으로 본다.

팍스 시니카의 도전
―아시아의 맹주 자리를 되찾는 중국

2차세계대전 패전 이후 독일은 완전히 폐허가 되었다. 독일 국민은 먹고 살 음식도 구하기 힘들었고, 또 한 국가가 동독과 서독으로 갈라지기까지 했다. 1945년의 독일은 절대로 선진국으로 보기 어려웠다. 하지만 독일은 금방 일어섰다. 높은 경제성장을 이루고, 곧 유럽의 강국으로 떠오른다. 이런 독일의 발전을 '라인강의 기적'이라 부른다. 완전히 패망했던 독일이 단시일 내에 선진국이 되고 강대국으로 일어선 변화를 가리키는 말이다.

일본도 1940년대에 궁핍한 시대를 겪었다. 물자도 없었고, 먹을 것도 부족했다. 정부는 국민에게 먹을거리를 배급했고, 이 배급량도 점점 줄어들었다. 1945년 전쟁에 패해 미국에 항복하면서 국민의 삶은 더 어려워졌다. 많은 일본인이 먹을거리가 없어 미군들을 따라다니며 먹거리를 구했다. 그러던 일본이 1960년대, 1970년대 급성장을 한다. 1980년대에는 전 세계의 전자산업, 자동차산업을 석권하다시피 한다. 단지 몇십 년 만에 일본은 비참한 패전국에서 명실상부한 선진국이 된다. 독일 라인강의 기적에 비할 만한 경제성장이었다.

독일과 일본의 성장이 기적적이라고 하지만 사실 이런 건 기적이 아니다. 당연히 이루어져야 할 일이 일어났을 뿐이다. 독일은 1945년 폐허에서 급속히 발전했다고 흔히들 말한다. 그런데 2차세계대전이 발발하기 전에 이미 독일은 유럽 최고의 경제강국이었다. 히틀러는 1차세계대전에서 패배한 후 어려워졌던 독일을 다시 일으켰다. 히틀러가 당시 괜히 독일 국민의 지지를 받았던 것이 아니다. 히틀러는 1차세계대전 후 독일을 부흥시킨 사람이었다. 1차세계대전의 패배로 어려워지기 전, 독일은 어땠을까? 1800년대 말, 1900년대 초 독일은 유럽 최대의 공업국이었다. 18세기에는 영국이 산업혁명에 성공하면서 유럽 강국이 되었다. 하지만 19세기에 들어서는 독일이 산업혁명을 일으키고 유럽 최대 강국이 된다.

독일은 유럽 강국이 된 다음에 1차세계대전으로 패망했다. 독일을 다시 일으킨 히틀러가 2차세계대전에서 유럽을 초토화시키며 자신의 야욕에 희생되었다. 엄청난 인명이 희생되었다. 그 후 다시 독일은 일어난다. 이때 독일이 재기했지만, 새롭게 일어난 것은 아니다. 단지 이전의 자리를 되찾았을 뿐이다. 무술 고수가 더 높은 고수를 만나 싸움에 패했다. 뼈가 부러져 골골한 모습으로 병원 신세를 졌다. 이때 굉장히 약해 보인다고 해서 정말로 약해진 것은 아니다. 뼈가 붙고 병원에서 퇴원하면 다시 이전의 무술 고수가 된다. 한번 몸에 붙은 실력은 어디로 가지 않는다. 일시적으로 약해졌다고 해도, 시간이 지나면 다시 회복해서 예전의 모습을 되찾는다. 독일 라인강의 기적은 사실 기적이 아니다. 일시적인 병에서 벗어나 예전의 모습을 되찾은 것뿐이다.

일본도 마찬가지이다. 1945년 패전으로 어려워졌다고 하지만, 태평양전쟁이 일어나기 전 일본은 이미 아시아 최고의 공업국이었다. 세계열강 중 하나였고, 많은 식민지를 수탈하고 있던 아시아의 최강국이었다. 미국에 패해 일시적으로 환자가 되었을 뿐이다. 환자의 위치에서 벗어나면 바로 아시아 최강국의 위치를 되찾을 수 있다. 한국처럼 원래 가난했던 나라가 잘살게 된 것이야말로 진짜 기적이다. 원래 잘살던 사람이 외부 환경으로 잠깐 어려워졌다가 다시 잘살게 되는 것은 기적이 아니다. 자연적인 결과일 뿐이다.

20세기 내내 러시아(소련)는 미국에 대항하는 강대국이었다. 1991년 소련이 무너졌다. 소비에트연방이 분리되면서 러시아가 되었고, 더 이상 러시아는 아무런 힘이 없는 일반 국가가 되리라고 세상은 여겼다. 실제로 1990년대 내내 러시아는 아무런 영향력이 없었다. 하지만 2021년 현재는 다르다. 러시아는 다시 유럽 국가와 미국에 대해 자기 목소리를 높이고 있다. 군사, 경제, 이념 영역에서 첨예하게 미국과 대립한 20세기 냉전시대만큼 큰 목소리는 아니지만, 그래도 서유럽과 미국에 대해 순응하지 않고 대항하는 세력이 되었다. 러시아는 일시적으로 약해졌지만, 다시 자기 자리를 찾은 것이다. 처음에 힘을 얻기는 힘들다. 일단 힘을 얻으면 그것은 그대로 유지되는 경향이 있다. 중간에 약해진다고 하더라도 결국은 자기 자리를 다시 찾는다. 국력이라는 것은 쉽게 약해지는 것이 아니다.

많은 사람들이 지금 중국의 성장을 굉장히 독특한 사건으로 본다. 세계의 대표적인 빈곤국이었던 중국이 최근 경제 강국으로 부상하는 것을 기적적인 사건으로 해석한다. 하지만 중국의 부상은 독일, 일본, 러시아의 부상과 같다. 중국은 처음부터 가난한 국가였다가 지금 성장하고 있는 신흥국가가 아니다. 중국은 원래 잘사는 나라였고, 강대국이었다. 한동안 몸이 아파 누워 있었을 뿐이다. 이제 병에서 벗어나 이전 자리를 되찾고 있을 뿐이다.

지금은 서구 국가가 세계에서 주도권을 가지고 있지만, 원래 서구 유럽 국가는 못살던 곳이었다. 중국, 인도, 동남아시아 등 아시아 국가가 훨씬 더 먹거리가 풍부했다. 유럽에서는 후추 등 향신료가 중요했는데, 그 이유는 겨울에 먹거리가 없어 먹거리를 오래 보전하기 위해서였다. 향신료를 잔뜩 치지 않으면 고기가 상하고 겨울에 먹을 음식이 없다. 동양에서도 향신료를 사용했지만, 고기 보존이 아니라 맛을 더 좋게 하려고 사용했다. 겨울에 먹을거리가 없다는 걱정은 하지 않았다.

세계사를 보면, 서구 유럽 국가가 전면에 나선 것은 15~16세기 대항해시대 이후이다. 대항해시대를 겪었다고 유럽 사람들이 아시아 사람들보다 더 잘살게 된 것은 아니다. 유럽이 생활 수준 면에서 중국보다 더 잘살게 된 것은 산업혁명 이후로 본다.

아시아는 원래 유럽보다 잘살았고, 아시아에서도 중국은 가장 문물이 발전한 국가였다. 아시아에서 가장 큰 국가이자 최강국이었다. 그랬던 중국이 아편전쟁 이후 100여 년간 어려워진 것이다. 유럽 국가들과 일본에 유린당했고, 공산주의 국가가 되면서 약해졌다. 하지만 이런 어려움은 본질적인 것이 아니다. 잠깐 병에 걸려 병원에 있는 것과 같다. 병원에서 퇴원하면 바로 이전의 모습을 되찾을 수 있다. 지금 중국의 부상은 이렇듯 과거의 모습을 되찾는 과정일 뿐이다.

최소한 중국이 아시아의 맹주인 것, 아시아에서 가장 잘사는 나라인 것, 아시아 주도국가의 지위를 가지는 것은 특별한 일이 아니다. 오랜 옛날부터 중국은 그런 나라였다. 그 자리를 처음 얻는 것이라면 큰 노력이 들 수 있고, 어려움이 있을 수 있다. 하지만 이전 자리를 되찾는 정도라면 큰 어려움 없이 자연스럽게 이루어질 수 있다. 중국이 아시아의 맹주를 넘어 세계의 맹주가 되는 것은 어려울 수 있다. 세계의 맹주는 중국이 경험해본 적이 없다. 하지만 아시아의 맹주까지는 특별한 일이 아니고, 그 위치에 다시 서는 것은 자연스러운 과정이다.

지금 중국은 단지 과거의 자리를 되찾을 뿐이다. 원래 제자리로 돌아갈 뿐이다. 중국은 분명히 다시 아시아의 맹주가 될 것이다.

팍스 아메리카나의 꿈
―세계사에 대한 미국의 독보적 기여

현재 미국은 세계 최강대국의 위치에 있다. 세계적으로 미국을 비판하는 국가들이 많기는 하지만, 그래도 미국이 세계에서 리더 격이라는 것을 부인하지는 않는다. 그런데 리더의 자리는 단순히 힘이 세다고 해서 얻어지는 자리가 아니다. 뭔가 전체를 위해서 기여하는 것이 있어야 한다. 그러면 세계사에서 미국이 기여한 점은 무엇일까? 미국이 세계사적으로 가장 기여했다고 인정받는 것은 미국이 식민지-제국주의의 역사를 끝냈다는 점이다. 미국이 세계사에 적극적으로 개입한 것과 제국주의의 종식은 그 맥을 같이한다.

15세기 말, 바스쿠 다가마가 아프리카의 희망봉을 돌아 인도에 도착하고, 또 콜럼버스가 아메리카 대륙을 발견한 이후 세계는 제국주의의 시대가 되었다. 제국주의는 본국이 다른 나라에 식민지를 두는 방식이다. 서구 제국들은 아직 국가 형식을 제대로 갖추지 못한 상태였던 아프리카, 아메리카 지역을 식민지로 점령하기 위해 쟁탈전을 벌였고, 나아가 동양의 나라들도 식민지화하기 시작했다.

식민지를 차지하는 방식은 선점, 그리고 전쟁이었다. 유럽 국가들은 자신이 처음 발견한 지역을 식민지로 선포했다. 아니면 다른 나라와 전쟁을 해서 식민지를 차지했다. 처음에는 선점 방식이었지만, 곧 전쟁이 일반적인 식민지 획득 방식이 된다. 전쟁을 해서 이기면 그 땅은 승전국의 소유가 되었다. 아시아에는 아메리카와 달리 전통적인 국가가 존재했지만, 아시아 국가는 유럽 국가와 군사적으로 상대가 되지 않았다. 곧 아시아 국가는 중국, 일본, 타일랜드를 제외하고는 모두 식민지로 점령당했다.

필리핀은 스페인이 처음 발견한 이후 스페인 식민지였다. 1898년 스페인과 미국의 전쟁이 벌어졌고, 미국이 승리해서 필리핀은 미국 식민지가 되었다. 러시아는 1897년 중국 만주 지방에 군대를 파견하면서 만주를 실질적으로 지배했다. 러일전쟁에서 일본은 러시아를 물리쳤고, 1931년에는 만주를 점령해 이후 만주는 일본의 세력권이 된다. 전쟁을 해서 이기고 그 땅에 진주하면, 그 땅은 승전국의 땅으로 인정된다. 식민지 국가가 독립하는 데 필요한 것도 전쟁이었다. 식민지 국가가 반란을 일으켜 무력으로 제국주의 국가를 몰아내면 그 국가는 독립을 얻을 수 있었다. 전쟁이 영토의 지배자를 결정했다.

1941년 일본이 태평양전쟁을 일으켰다. 당시 동남아시아 지역은 영국, 프랑스, 네덜란드 식민지였다. 일본은 동남아시아, 인도네시아 등에서 영국군, 네덜란드군을 모두 패배시킨다. 그리고 그 지역을 일본의 영역으로 만들었다. 전쟁에서 이겼으니 당연한 권리였다.

1945년 일본은 미국에 졌다. 일본의 식민지였던 동남아시아, 타이완, 한국 등에는 미군이 들어왔다. 일본 본토에도 미군이 들어와서 진주했다. 그러면 당연히 이 지역들은 미국의 식민지가 되어야 했다. 그동안 제국주의 상식에 따르면 그래도 되었고, 또 그래야 했다. 그런데 미국은 이 지역을 자기의 식민지로 하지 않았다.

영국, 프랑스 식민지 지역이었던 곳은 영국, 프랑스가 연합군 일원으로 승전국이었기 때문에 다시 영국, 프랑스 식민지로 돌아갔다고 하자. 하지만 일본이 지배하던 일본 본토, 타이완, 한국, 오키나와 등도 미국은 자기 식민지로 만들지 않았다. 모두 독립국으로 만들거나 일본에 돌려주었다. 큰 전쟁을 벌이고 많은 희생을 하면서 상대 국가와 식민지를 점령했는데, 그 땅을 자기 식민지로 하지 않고 독립시킨 것은 제국주의 역사에서는 획기적인 일이었다. 이때 일본과 일본 식민지를 미국이 모두 자기 식민지로 만들었어도 세상은 아무

말 하지 않았을 것이다. 이것은 승전국의 당연한 권리로 인정되던 것인데, 미국은 그러지 않았다.

미국은 미국에 권리가 있던 지역만을 독립국으로 한 것이 아니라, 다른 나라들에 대해서도 식민지배를 포기하도록 종용했다. 2차세계대전 이후에도 아프리카, 아시아 지역은 대부분 유럽의 식민지였다. 동아시아 지역은 유럽 국가들이 일본과의 전쟁에 패해 쫓겨났지만, 그래도 중동 지역, 아프리카 지역은 유럽 국가들의 식민지로 남아 있었다. 그런데 2차세계대전 이후 1960년대까지 이들 지역도 식민지 상태에서 벗어난다. 유럽은 이들 지역을 계속 식민지로 두려고 했다. 하지만 유럽 제국은 2차세계대전 이후 크게 쇠퇴했고, 또한 식민지 지역에서 독립운동과 민족해방운동이 발생했다. 이때 미국은 유럽 편을 들지 않고 식민지 편을 들었다. 식민지에서 독립전쟁이 발생하면 미국은 식민국가를 지원하고, 유럽 국가가 이 식민지에서 손을 뗄 것을 주장했다. 유럽은 미국의 힘으로 독일의 파시즘 지배에서 벗어날 수 있었다. 당시 미국의 비중은 현재보다 훨씬 컸고, 제국주의 국가들은 미국의 의향을 무시하기 어려웠다. 더 이상 식민지배는 존재해서는 안 된다는 미국의 강한 의도는 식민지가 독립하는 데 큰 지원이 되었고, 유럽 국가들에는 큰 부담이 된다. 결국 1960년대 중반 이후, 세계의 대부분 국가는 독립국이 되었고, 몇백 년간 이어진 제국주의시대가 마침내 종식된다.

제국주의시대는 전쟁해서 이기면 상대 국가의 땅을 빼앗는 것이다. 그런데 이것은 사실 유럽 제국주의시대에만 통용되던 상식은 아니다. 원래 인류 역사는 전쟁을 통해 영토를 확장해온 역사이다. 유럽 제국주의는 자기 나라 주변이 아니라 먼 아프리카, 아시아까지 가서 전쟁하고 식민지를 만들었기 때문에 제국주의란 이름이 붙었을 뿐이다. 그전에도 전쟁에서 이기면 그 나라 땅을 빼앗거나, 자기 속국으로 하는 것이 일반적이다.

그런 시대의 상식을 미국은 따르지 않았다. 미국은 2차 세계대전에서 승리하면서 일본과 일본 식민지들을 점령했다. 하지만 미국은 그 점령지를 자기 영토로 하려고 생각하지 않았다. 당장 한국만 해도 미국은 1945년 9월, 점령군 자격으로 한국에 들어왔다. 한국은 일본의 땅이었고, 미국은 일본에 이긴 승전국이다. 하지만 미국은 한국을 자기 땅으로 할 생각이 전혀 없었다. 한국 땅에 한국인의 정부를 만들어주고 철수할 생각을 했다. 한국만이 아니라 다른 지역에서도 이런 패턴이었다. 나아가 서구 국가들에도 식민지를 포기하도록 했다. 몇백 년간 이어져온 제국주의시대가 끝난 것은 자연적으로 이루어진 것도 아니고, 식민지 국가들이 자신의 힘으로 독립국 건설을 끌어낸 것도 아니었다. 미국이 한 일이다.

미국은 왜 식민지배를 하려고 하지 않았을까? 몇 가지 설명이 있다. 미국 자체도 식민지였기 때문에 식민지의 애환을 알았다고도 볼 수 있다. 하지만 자신이 당한 경험이 있다고 그 일을 하지 않는다고 보는 것은 무리이다. 다른 사람에게 괴롭힘당한 사람들은 자기가 괴롭혀도 되는 상황이 되면 당한 것보다 더 괴롭히는 경우도 많다.

식민지로 직접 지배하지 않아도 간접적으로 충분히 지배력을 행사할 수 있기 때문이라는 설명, 이른바 신식민지론도 있다. 간접적으로 충분히 힘을 행사할 수 있는데, 어렵고 귀찮게 직접 식민지배를 할 필요는 없다. 그렇지만 그런 논리라면 유럽도, 일본도 직접 식민지를 둘 이유는 없었다. 다른 나라들은 직접 지배할 수 있으면 직접 지배하려고 했지, 일부러 간접 지배로 끝내지는 않았다.

가장 의미 있는 설명은 미국이 '자유'라는 가치를 내걸었기 때문이라는 점이다. 처음 미국이란 독립국가를 세울 때부터 자유를 가치로 내세운 국가가, 다른 나라의 자유를 침해하는 식민지배를 한다는 것은 앞뒤가 맞지 않는다. 미국이 세계에 자유를 주된 가치로 내세우는 한, 미국이 식민지를 두지 않고, 또 다른 나라들도 식민지배를 하지 않도록 유도하는 것이 맞다.

미국은 자유라는 가치를 내세우고, 전 세계를 휩쓸던 식민지-제국주의 국가 체제를 끝냈다. 그런 점에서 미국은 분명히 세계사의 발전에 기여했고, 그 기여를 바탕으로 세계의 리더 자리로 올라섰다. 리더 국가가 되기 위해서는 단순히 경제력이 뛰어나거나 군사력이 강한 것만으로는 안 된다. 다른 국가들이 리더로 인정할 만한 기여도가 있어야 한다. 미국은 세계사에 그런 기여를 실행했다. 다른 나라가 그 정도의 기여를 하지 않는 한, 팍스 아메리카나는 당분간 계속될 것이다.

팍스 시니카의 한계
—중국몽의 머나먼 길

1940년 일본은 인도차이나 지역을 습격한다. 미국은 일본의 침공에 대해 석유금수 조치를 취했고, 1941년 12월 일본은 태평양전쟁을 일으키며 나머지 동남아 지역을 모두 일본 지배령으로 만든다. 베트남, 타일랜드, 필리핀, 인도네시아 등이 다 일본 지배령이 된다.

일본이 이 지역에 침공했을 때, 지역주민들은 일본군을 환영했다. 이때까지 이 지역은 영국, 프랑스, 독일, 네덜란드 등의 식민지였다. 일본은 이들 식민지 국가들을 내쫓았다. 동남아시아 국가들은 오랜 식민지배를 종식시킨 일본에 박수를 보냈다.

처음에 일본은 이 지역의 해방군이었다. 지금 당장 독립시키지는 못하지만, 가까운 시일 내에 독립을 시켜주겠다고 약속도 했다. 동남아시아 국가들은 그동안 독립을 꿈꾸지 못했다. 그런데 이제 독립을 꿈꿀 수 있게 되었다. 일본과 서구 제국주의 국가의 전쟁이 마무리되고 얼마쯤 시간이 지나면 독립할 수 있다고 여겼다.

일본은 1945년 8월 미국에 항복했다. 일본이 동남아시아 지역을 지배한 것은 3~5년 정도였다. 그런데 그사이 동남아시아 국가들은 모두 반일을 부르짖는다. 이 지역은 몇백 년간 서구 유럽 국가의 식민지였던 국가들이다. 단지 몇 년에 불과한 일본 지배. 그런데 이들 국가들은 오랜 유럽 국가의 식민지 시절보다 몇 년 동안의 일본 지배를 더 싫어했다. 일본은 이해하지 못했다. 왜 이들은 일본의 지배를 거부할까?

한국과 중국 주민이 일본을 싫어하는 것은 차라리 납득할 수 있다. 한국은 그동안 자주국이었다가 일본의 식민지가 된 것이다. 지배국인 일본을 환영할 수는 없다. 중국도 독립국이었다가 일본의 지배령이 되었다. 일본을 싫어하는 것이 당연하다.

그런데 동남아시아 지역은 독립국이었다가 일본의 지배를 받게 된 것이 아니다. 원래 몇백 년 동안 서구의 식민지로 살아온 지역이다. 이들 주민 입장에서는 단지 지배국이 유럽 국가에서 일본으로 바뀌었을 뿐이다. 그런데 왜 그렇게 일본을 싫어하는가? 최소한 지난 몇백 년간 식민지배를 해온 유럽보다 일본을 더 싫어하는 것은 이해하기 힘든 일이었다.

이에 대해 두 가지 설명이 있다. 하나는 그만큼 일본의 지배가 잔혹했다는 점이다. 식민제국이라 해서 모두 똑같은 식민제국이 아니다. 식민지를 지배하는 방식은 국가에 따라 모두 달랐다. 영국의 식민지들은 영국에 대해 원한을 그다지 품지 않았다. 지금도 과거 영국의 식민지였던 여러 국가들이 영연방이라는 이름으로 서로 친목을 다진다. 영국으로부터 독립한 이후에도 오랫동안 영국 여왕을 자기들의 상징적인 군주로 인정한 국가들도 많다. 이에 비해 스페인, 프랑스, 벨기에의 지배는 혹독한 것으로 유명하다. 프랑스 식민지들은 프랑스를 원수로 여긴다. 그런데 일본은 잔혹한 것으로 유명한 프랑스 지배를 넘어섰다. 동남아시아 국가들은 유럽의 식민지와 일본의 식민지를 모두 경험했다. 유럽의 오랜 식민지 생활을 하면서도 독립의 기운이 그리 강하지 않았는데, 일본의 식민지 시기를 몇 년 경험하고는 모두 일본으로부터 독립하자는 반일운동이 일어난다. 일본의 지배가 유럽의 지배보다 훨씬 독했고, 그래서 일본을 싫어하고 일본에서 벗어나려 했다고 본다.

다른 하나는 일본이 동남아시아 식민국가에 무엇을 제공했느냐는 점이다. 인간은 단지 무력에 의해서만 복종하는 존재는 아니다. 무언가 존경할 만한 것이 있고, 마음으로부터 복속할 만한 무언가가 있어야 한다. 그런 것 없이 단지 힘으로만 누르면 반드시 반발한다. 힘이 무서워 가만히 있더라도,

안으로는 원한을 품고 기회를 엿보게 된다.

유럽 국가들은 아시아 지역을 식민지로 삼고 수탈했다. 그런데 아시아 주민 입장에서 유럽 국가들은 반대 급부로 배울 것도 있었다. 새로운 기계문명과 기기를 도입했고, 민주주의, 법치주의, 권력분립, 자유, 평등, 박애 등의 새로운 가치도 가져왔다. 몇천 년간 이어져온 아시아의 군주정을 민주주의, 법치주의, 권력분립이라는 이름으로 변화시켰다. 식민지 주민의 입장에서 봐도, 왕의 지배보다 민주주의, 법치주의에 의한 지배가 나아 보인다. 또 산업화된 문물이 서구 제국과 같이 들어왔다. 서구 제국은 식민제국이기는 하지만 무언가 새롭고 보다 나은 무엇을 가져다준 나라로 여겨졌다. 식민국가들은 식민지배를 좋아하지는 않았지만, 그래도 서구 제국이 전통적인 자기 국가들보다 어느 부분에서는 더 나은 존재라는 것은 인정했다.

그런데 일본의 지배는 이들 국가에 무엇을 가져다주었을까? 일본은 당시 아시아 최고 공업국이기는 했지만, 어디까지나 서구 제국을 따라서 했을 뿐이다. 동남아시아 입장에서 일본의 산업 문물은 오리지널이 아니라 모조품이었다. 다시 말하지만, 식민지는 힘으로만 지배할 수는 없다. 보다 나은 가치, 새로운 가치를 제공해야 한다. 그런데 일본은 이런 새로운 가치라고 할 만한 게 없었다.

일본 역시 자기들이 중요하다고 생각하는 가치를 동남아시아 지역에 보급한다. 일본이 중요하게 생각하는 가치는 무엇일까? 천황에 대한 충성, 일본 민족의 우수성, 일본 신도神道의 독자성 등이다. 그래서 일본은 동남아시아 주민들에게 황국신민의 서를 외우게 했고, 일본 신사를 지어서 신사참배를 강제했다. 또한 일본 민족의 우수성과 독자성을 알리는 교육을 했다.

동남아시아 주민 입장에서는 단순히 식민국가가 바뀐 것이 아니었다. 그동안 유럽 국가가 식민제국이었을 때는 정치야 어떻든 일반 주민은 자기들의 생활만 하면 되었다. 하지만 이제 모든 주민들이 동원되어 일본의 우수성에 대한 교육을 받고, 일본의 우수성을 찬양해야 했다. 황국신민의 서를 외우고 일본 신사에 참배해야 했다. 조금 더 시간이 지나면 한국에서처럼 일본식 이름으로 바꿔야 했을 것이다. 하지만 이런 것은 일본인에게는 중요하고 의미 있지만, 다른 나라 사람들에게는 아무 의미 없다. 그저 자신들의 문화를 완전히 무시하고 파괴하는 행위일 뿐이다. 몇 년 사이에 이들이 반일로 돌아선 것은 결코 놀라운 일이 아니다.

현재 세계는 미국이 지배한다. 미국이 주는 가치는 무엇일까? 일단은 자유라는 가치이다. 미국은 자유라는 이름으로 다른 나라에 개입하고 간섭한다. 자유를 훼손하는 국가에 대해 반론을 제기하고, 전쟁을 벌이기도 한다. 물론 그 내부에는 '미국의 이익'이 숨어 있기는 하지만, '미국의 이익'을 위해서라는 작동 원리가 전면에 나서지는 않는다. 어디까지나 자유라는 가치를 증진시키기 위해서라는 명분과 이념을 내세운다. 미국이 주는 자유라는 가치를 세계 사람들은 받아들이고, 미국의 다른 나라에 대한 간섭을 인정하고 지지한다.

팍스 시니카의 시대, 즉 중국을 주도로 한 세계 평화의 시대가 온다고 한다. 그렇다면 중국은 현재의 세계에 무엇을 줄 수 있을까? 중국은 세계에 보다 나은 문물, 산업화의 가치를 줄 수는 없다. 현재 중국의 산업은 중국 고유의 것은 아니다. 현대 첨단산업은 미국에서 나오고 있다. 지금 중국이 추구하는 가치는 '중국몽中國夢'이다. 과거 세계의 중심 역할을 했던 전통 중국의 영광을 21세기에 되찾자는 것, 중국이 세계 최대 국가라는 것, 중국이 맏형이라는 것을 추구한다. 팍스 시니카가 되면 중국이 위대한 나라라는 것, 중국 한족이 위대한 민족이라는 것을 세계 모든 나라들에 강요할 것이다. 중국의 위대함을 인정하지 않으면 중국의 적이 된다.

동남아시아 국가들이 일본의 우수성을 인정하지 않고 반발했던 것처럼, 중국이 세계에 강조하는 가치는 반발을 불러일으킬 수밖에 없다. 비록 중국이 무력으로 다른 나라들을 굴복시킨다고 하더라도, 중국의 우수성을 강조하는 중국을 세계의 지배자로 인정할 수는 없다. 중국의 세계 지배는 현재 미국이 지배하는 세계처럼 안정적이지 않을 것이다. 동남아시아에서 일본 지배 몇 년 만에 사방에서 독립운동이 발생했듯이, 중국의 지배도 반발을 불러일으킬 수밖에 없다. '내가 제일 잘났다'라는 사고방식으로 다른 사람들을 지배할 수는 없다. 사람들은 '내가 제일 잘났다'라는 것을 강조하는 사람의 지배는 받지 않는다. 중국몽만을 내세우는 한, 중국이 세계 리더가 되기란 수월하지 않다.

3장

미국과 중국:
다음 세계의 질서를
둘러싼 대결

미국의 힘은
동맹국의 힘

중국과 미국이 전쟁을 하면 누가 이길까? 지금 당장 전쟁을 하면 미국이 이긴다. 지금 미국이 군사력 측면에서 중국을 압도하고 있다는 것은 누구도 부인할 수 없다. 그런데 앞으로 10년 후, 20년 후에는 어떨까? 그때도 미국이 압도적으로 중국을 누를 수 있을까?

중국의 군사력은 급속히 증가하고 있다. 엄청난 돈을 들여서 해군과 공군의 장비를 현대화하고 있다. 중국의 경제력이 미국을 넘어서면 중국은 미국보다 더 많은 돈을 국방비로 사용할 것이다. 자본이 중요한 현대전에서, 경제력이 더 큰 중국의 군사력은 미군의 군사력을 능가할 수 있을 것이다. 앞에서 본 것처럼, 중국의 군사력에 대해 긍정적으로 보는 사람들은 이렇게 생각한다.

중국이 현재와 같이 발전하고 국방의 힘에 신경을 쓰는 한, 중국의 군사력이 미국과 대응할 수준이 될 수는 있을 것이다. 그런데 군사력 측면에서 중국이 미국과 충분히 싸울 수 있다고 해서 과연 중국이 미국과 전쟁에서 이길 것이라고 낙관할 수 있을까?

미국의 군대와 중국의 군대가 일렬로 죽 늘어서서 일대일 매치를 한다면 중국군이 이길 수도 있을 것이다. 스포츠 경기처럼 일대일로, 다른 국가의 개입 없이 정정당당하게 실력 겨루기를 한다면 중국이 이길 수 있다. 그런데 현대 전쟁은 그런 일대일 대결로 이루어지지 않는다. 현대 전쟁은 단체전이다. 서로 지지하는 국가 집단이 함께 싸우는 단체경기이다. 냉전시대의 베트남전쟁도 미국과 베트남 두 국가 간 전쟁이 아니다. 베트남 편에는 당시 소련, 중국, 북한이 개입했고, 미국 편에는 한국, 호주, 필리핀, 타일랜드, 뉴질랜드, 타이완 등이 개입했다. 베트남은 단지 베트남 군인들이 열심히 싸웠기 때문에 이긴 것이 아니다. 중국과 소련의 강력한 지원이 있었고, 그래서 미국과 대항할 수 있는 무기를 조달하고 버틸 수 있었다.

미국 군사력의 최대 강점은 자체 군사력이 압도적이라는 점에 있지 않다. 미국 군사력의 최대 장점은 무엇보다 동맹국들의 존재이다. 즉, 전쟁이 발발하면 미군과 같이 싸우기로 한 동맹국의 존재이다. 미국의 동맹국은 48개국이다. 미국이 중국과 전쟁을 벌이면 48개국이 참전한다는 뜻이다. 중국의 동맹국은 파키스탄과 북한, 2개국이다. 미국과 중국 전쟁은 미국과 48개국, 중국과 2개국이 서로 다투는 전쟁이다. 49개국 대 3개국 간 전쟁이면 누가 보아도 49개국이 이긴다고 판단할 수 있다.

미국의 동맹국이라지만 군사력에 별 도움이 되지 않는 국가도 많으니 전쟁의 승패에 별 상관없는 것 아닐까? 동맹국이라 해도 미국-중국 전쟁에 몇십만 명씩 군대를 파병할 리는 없다. 몇백 명, 몇천 명 수준에서만 군사적 지원을 할까 말까이고, 대부분의 국가는 명목상 지원만 할 것이다. 미국-베트남 전쟁에서도 정말로 전투부대를 참전시킨 동맹국은 한국밖에 없었다. 그러면 48개국이 참전한다고 해도 실제 전력에는 아무 상관없지 않을까?

거듭 말하지만 동맹국이 적극적으로 미국을 지원해서 수만 명의 군대를 보내 같이 참전하는 일은 벌어지지 않을 것이다. 하지만 동맹국은 직접 전투 이외의 방법으로 전쟁의 승패에 큰 영향을 미칠 수 있다. 1905년 러일전쟁에서 영국은 일본의 동맹국이었다. 영국은 러일전쟁에 군대를 파병하지는 않았다. 군대 파병 이외의 간접적인 지원을 통해 일본을 도왔을 뿐이다. 하지만 이런 지원은 일본의 승리에 결정적이었다. 동맹국 영국의 지원이 없었다면 일본의 승리는 불가능했다.

우선 영국은 일본의 전쟁비용을 지원했다. 전쟁을 하기 위해서는 돈이 필요하다. 일본은 러일전쟁을 계속할 수 있는 돈이 없었다. 일본은 국채를 발행해서 외국에서 돈을 꾸고자 했고, 영국이 일본의 국채를 사주었다. 러일전쟁은 일본군이 싸우기는 했지만, 영국의 돈으로 수행되었다. 영국의 국채 지원이 없었다면 러일전쟁에서의 승리는 불가능했다.

또 영국은 러시아 함대가 영국 영토를 지나가는 것을 막았다. 러시아는 당시 세계 최강함대로 일컬어지던 발트함대를 일본에 파병한다. 발트함대는 북유럽에 있었고, 일본으로 가기 위해서는 지중해-수에즈운하-인도양-동지나해를 거쳐야 했다. 그런데 수에즈운하는 영국령이었다. 영국은 러시아 함대가 수에즈운하를 통과하는 것을 허락하지 않았다. 일본 동맹국으로서의 지원이었다. 러시아는 수에즈운하 앞까지 갔다가 다시 지중해로 나가서 결국 아프리카 희망봉을 도는 긴 항해를 해야 했다. 또 중간에 보급을 받을 수 있는 기항지는 대부분 영국령이었다. 러시아 함대는 보급을 제대로 받지 못한 채 무려 2만 9,000킬로미터를 항해했다. 러일전쟁을 결판낸 쓰시마해전 이전에 이미 발트함대는 완전히 지친 상태였다. 이때 만약 영국이 러시아 편이어서, 발트함대가 수에즈운하를 통과하고 또 중간 기항지에서 충분한 휴식을 취하고 보급을 받았다면 쓰시마해전의 결과는 달라질 수 있었다.

동맹국의 지원은 이런 것이다. 직접 전쟁에 참여하지는 않더라도 전쟁의 승부에 결정적인 역할을 할 수 있다.

미국 동맹국의 특성은 숫자가 많다는 것 이외에 전 세계에 퍼져 있다는 점이다. 한국, 일본 등 동아시아 지역 이외에도 남태평양과 인도양, 대서양, 아프리카, 동남아시아 지역 등 광범위하다. 이들은 미국-중국 전쟁이 발발하면 미국 편을 들 것이다. 남태평양, 인도양에서 중국 배가 기항하는 것을 막고, 중국으로의 물자보급을 막을 것이다. 지금 중국은 인도양, 아프리카의 많은 지역에 군사기지를 두고 있다. 그런데 군대는 식량과 물자를 보급받아야 한다. 미중전쟁이 나면 이런 물자보급은 더 이상 기대할 수 없다. 주변의 동맹국은 직접 중국과 전쟁하지는 않지만, 이런 중국 군사기지에 대한 물자보급은 끊을 것이다. 전쟁 와중에 중국 배가 직접 항해해와서 물자를 보급하리라고는 기대하기 어렵다. 이동경로 중간중간에 계속해서 동맹국이 위치하고, 이 동맹국들이 적극적으로 중국을 방해할 것이다. 중국의 해외기지는 사실 미중전쟁이 발발하면 별 의미가 없어진다.

또 중국은 많은 원자재를 전 세계에서 수입하는 국가이다. 석유, 천연가스 이외에 철광석, 구리 등 산업과 전쟁에 필수적인 품목도 수입한다. 미중전쟁이 발발하면 동맹국은 더 이상 중국에 이런 원자재를 공급하지 않는다.

미국 동맹국이 아닌 국가들은 중국에 원자재를 계속 공급하지 않을까? 하지만 중국은 이런 원자재를 주로 바닷길을 통해 수입해야 한다. 바닷길 주변의 동맹국은 이 루트를 방해한다. 사실상 중국 해군과 미국 해군의 전쟁이 아니라, 전 세계 해군과 중국 해군의 전쟁이 된다. 아무리 중국 해군이 강해도 필수물자가 보급이 안 되는 상태가 몇 개월 지속되면 제힘을 발휘할 수 없다. 중국의 동맹국은 북한, 파키스탄 등 바로 옆에 붙어 있는 국가이다. 미국의 동맹국이 미국을 돕는 것처럼, 북한, 파키스탄이 중국을 도울 수는 없다.

중국이 워낙 넓어서 미국이 중국을 점령하기 힘들다는 의견도 있다. 미국의 병력 규모를 고려할 때 중국 전체에 점령군을 두는 것이 불가능하기는 하다. 하지만 미국이 중국 본토를 점령할 필요는 없다. 미국은 원래 상대 국가를 점령할 생각은 거의 하지 않는다. 단지 상대국이 더 이상 미국에 대항하지 못하게 되는 것만 원한다. 중국이 미국에 항복하지 않더라도, 앞으로 중국이 미국에 대항할 힘이 없게만 만들면 미국은 목적을 달성한다. 중국의 영토가 워낙 넓어서 점령하기 힘들다는 것은 미국 입장에서 별문제가 아니다.

미국 군사력의 최대 강점은 전 세계에 퍼져 있는 동맹국의 존재라는 점을 잊지 말자. 미중전쟁이 발발하면 이 동맹국들이 미국 편을 들며 중국에 대항한다. 중국에 직접 대항하지는 않더라도 최소한 중국에 대한 지원을 끊고 방해한다. 이런 편가르기에서 중국은 미국을 당해내지 못한다. 중국의 군사력이 지금보다 훨씬 더 강해져도, 미국-중국 전쟁이 벌어지면 미국이 이긴다고 보는 것이 더욱 합리적이다.

중국의 치명적 약점, 석유를 수입하는 바닷길

1941년 일본은 동남아시아 지역을 침략하며 태평양전쟁을 일으킨다. 일반적으로 사람들은 일본의 태평양전쟁 개전을 진주만 공습으로 알고 있다. 그런데 이때 일본은 진주만만 습격한 것이 아니다. 홍콩, 싱가포르, 필리핀, 인도차이나 등 동남아시아 전체 지역에서 동시에 전쟁을 시작한다. 일본이 이때 목적으로 한 것은 인도네시아 점령이었다. 그래서 그 길목에 있는 동남아시아와 인도네시아를 모두 점령한다.

일본이 하와이 진주만을 공격한 것은 하와이 자체를 공격하기 위해서가 아니었다. 일본이 동남아시아, 인도네시아를 공격하면 미국 함대가 분명히 싸움을 걸어올 것이기 때문에, 미리 미국의 함대를 궤멸시키기 위해서였다. 미국의 시각에서 태평양전쟁의 시작은 하와이 진주만 공격이지만, 일본 입장에서, 그리고 아시아 입장에서 태평양전쟁의 시작은 일본의 동남아시아, 인도네시아 점령이다.

일본이 동남아시아, 특히 인도네시아 점령을 목적으로 한 이유는 한 가지이다. 석유였다. 과거에는 나무와 석탄이 주요 원료였다. 하지만 20세기 들어서 석유가 새로운 에너지로 등극했다. 석탄을 이용하는 함대와 석유를 이용하는 함대는 속도와 기동력 측면에서 상대가 되지 않는다. 주요 함선, 전함, 함대는 모두 석유를 사용했다. 새로 발명된 비행기와 자동차도 석유를 사용했다.

이렇게 석유가 중요해졌는데 일본에는 석유가 나지 않는다. 당시 석유를 대량으로 생산하는 유전은 미국의 애팔래치아산맥 주변과 텍사스 유전, 러시아의 바쿠 유전, 그리고 인도네시아 유전이었다. 중동의 석유는 아직 발견되지 않았을 때였다. 그리고 인도네시아 유전이라 하더라도 인도네시아에서 관리하는 것은 아니었다. 미국, 영국의 주요 석유회사가 인도네시아 석유를 개발하고 판매했다. 석유생산국이 석유에 대한 완전한 통제권을 가지게 된 것은 1970년대 석유수출국기구OPEC 설립 이후이다. 즉, 당시 세계의 석유는 미국, 러시아, 영국의 통제하에 있었다.

당시 일본은 한반도, 만주, 중국의 해안가 지역을 점령하고 지배한 아시아 최강국이었지만, 치명적인 약점이 있었다. 석유는 전적으로 미국에 의존해야 했다. 만약 미국이 일본에 석유를 팔지 않는다면 일본의 함대, 비행기, 트럭은 모두 고철 더미에 불과하다. 아무리 일본군이 용감하고 잘 싸운다고 해도, 석유 없이는 어떻게 해볼 수가 없다. 아무리 경제력이 강하고 군사력이 강하고 영토가 넓어도, 중요한 자원인 석유를 다른 나라에 의존하는 한 진짜 강대국이라고 할 수 없다. 일본은 미국의 선의에 의해서 강대국 외형을 하고 있을 뿐이다.

일본은 진정한 강대국이 되고자 했다. 그러려면 에너지를 외국에 의존해서는 안 되었고, 스스로 에너지를 조달할 수 있어야 했다. 그러기 위해선 유전 지역을 차지해야 했고, 인도네시아를 자기 땅으로 만들어야 했다.

일본이 미국에 전쟁을 건 것은 무모한 결정이었다고 본다. 하지만 1941년 초 미국은 일본에 대한 석유 수출을 금지했다. 일본의 인도차이나 침공에 대한 보복이었다. 일본의 함대, 비행기는 1942년 중반에는 모두 석유가 없어 무용지물이 될 처지였다. 어차피 일본군은 1942년이면 모든 힘을 잃는다. 일본의 전쟁 개전은 그냥 앉아서 항복하느냐, 아니면 한번 꿈틀대느냐는 결정이었다.

이후 일본은 1980년대 말, 1990년대 초에 이르러서는 미국을 능가하는 경제강국으로 인정받았다. 하지만 경제 전문가들은 아닐지 몰라도, 최소한 정치·군사 전략가들은 정말로 일본이 미국을 넘어설 수 있다고는 생각하지 않았다. 일본은 여전히 석유가 없다. 이때는 중동 지역이 석유의 주된 공급지인데, 중동 지역에서 일본으로 석유를 나르는 바닷길은 미국이 꽉 잡고 있다. 미국이 이 바닷길을 끊어버리면 일본은 무너질 수밖에 없다. 일본이 진정한 강대국이 되려면 석유 통제권을 가지고 있어야 하고, 그러려면 인도양, 태평양의 미국 함대를 물리칠 수 있어야 한다. 일본은 경제력으로는 충분히 미국을 넘어설 수 있었다. 하지만 인도양, 태평양의 미국 함대를 물리치는 것은 어림도 없었다. 미국의 그늘에서 벗어나 진정한 강대국이 되기는 불가능한, 일본의 치명적인 한계였다.

현대 중국도 마찬가지다. 중국이 미국을 제치고 세계 최대 경제강국이 되는 것은 가능하다. 그런데 중국도 석유가 나지 않는다. 나기는 나는데, 중국 경제를 떠받치기에는 턱도 없이 부족하다. 중국도 석유가 없으면 대부분의 공장은 문을 닫을 수밖에 없고, 최신 전투기, 항공모함도 고철 더미일 뿐이다. 중국은 외국으로부터 대량의 석유를 수입해야만 강대국의 지위를 유지할 수 있다. 그런데 중국이 외국에서 석유를 수입할 때 이용하는 루트는 바닷길이다. 중동 지역에서 중국을 잇는 인도양과 동남아시아 바다를 통해서 석유가 수입된다. 이 바다를 지배하는 것은 미국이다. 미국이 중간에 중국으로 향하는 유조선을 막으면, 중국은 1년 이내에 허수아비가 된다. 미국이 중국과 전쟁을 한다면 중국 근처에 와서 미사일을 쏘고, 상륙작전을 할 필요도 없다. 석유만 막으면 중국 군대는 1년 이내에 모든 힘을 잃는다.

중국도 그 사실을 알고 있다. 그래서 바닷길 이외에 석유와 천연가스를 수입할 수 있는 수송관을 만들고, 아시아와 아프리카에 중국 함대가 진주할 수 있는 지역을 만들려고 하고 있다. 미국의 선의에 의존하지 않고, 중국 스스로 석유를 안전하게 중국 본토로 보낼 수 있는 시스템을 마련하려는 것이다.

하지만 정말로 전쟁이 벌어지면 해외로부터 들어오는 수송관은 별 소용이 없다. 전쟁이 발발하면, 석유 수송관이 일차적인 폭격 대상이다. 중국 본토라면 미국의 폭격을 막을 수 있어도, 외국에서 수송관을 폭격하면 중국은 손을 쓰기 힘들다. 수송관이 지나가는 국가는 제3국이기 때문에 미국이 폭격하지 않을 것이라는 생각은 하지 말자. 보복 능력이 있는 러시아의 수송관은 폭격하지 않겠지만, 다른 나라로부터의 수송관은 분명히 폭격 대상이 된다.

아시아와 아프리카 지역에 중국 함대가 진주할 수 있는 기지가 있다고 해도, 미국 함대를 완전히 물리치고 바다 전체에 대한 지배권을 가지지 못하는 한, 특별한 의미는 없다. 기지를 나와서 유조선을 보호해야 하는데, 바다 전체를 지배할 수 없는 한 기지 안에 틀어박혀 있을 수밖에 없다.

결국 중국이 정말로 미국을 능가할 수 있는 강대국이 되느냐 안 되느냐는 중국 경제가 미국 경제를 능가하느냐 아니냐에 있지 않다. 중국의 전체적인 군사력이 미국의 군사력을 능가하느냐 아니냐도 상관없다. 미국의 함대가 중국으로 가는 바닷길을 막으면, 그래서 석유 수입을 할 수 없게 막으면 중국의 경제는 저절로 무너진다. 중국 군대의 함대, 비행기, 기동력도 석유 수입이 되지 않으면 아무런 힘을 쓸 수 없다. 즉, 중국이 미국을 정말로 이기기 위해서는 중국의 해군력이 미국을 능가하느냐 아니냐, 여기에 모든 것이 달려 있다.

중국의 경제력이 미국을 능가하는 것은 그렇게 어렵지 않을 것으로 보인다. 중국의 육군이 미국의 육군을 넘어서는 것도 충분히 가능할 것 같다. 중국 근해에서 중국 함대가 미국 함대를 물리치는 것도 충분히 할 수 있을 것이다. 그런데 중동과 기타 유전 지역에서 중국 본토로 잇는 바닷길 전체에서 중국이 미국 함대의 공격을 물리칠 수 있을까?

중국은 역사적으로 대륙국가였고 바다에 관심이 없었다. 1405년에서 1433년까지 명나라 정화가 대함대를 이끌던 29년을 빼고는 의미 있는 해양력이 존재하지도 않았다. 그런 중국이 대양에서 미국 해군을 물리칠 수 있을까? 현재 미국의 해군력을 고려해보면 이건 정말 어려운 일이다. 그리고 이 한계에 돌파구를 찾을 수 없는 한, 진정으로 중국이 미국을 능가할 수는 없다. 어디까지나 미국의 선의에 의존해서 경제 강국 중국이 가능할 뿐이다.

중앙집권형 중국의 약점, 베이징

1840년 아편전쟁이 발발한다. 아편전쟁은 중국 남부 광둥 지역에서 관리 린쩌수가 영국의 아편을 모두 몰수하고 영국 상인과 그 가족들을 감금, 추방한 데서 발생했다. 아편 때문에 전쟁했다고 영국을 비난하는 목소리가 높지만, 사실 이때 영국이 전쟁까지 한 것은 아편을 몰수하고 태워버려서가 아니라, 영국 상인과 그 가족들에 대한 처우 등 중국의 강경 수단에서 비롯한 것이다. 린쩌수는 이들을 거의 감금하다시피 하고 생활물자 공급을 끊었다. 이런 식으로 하면 전쟁이 발발할 것이라는 경고가 내부에서도 있었지만 린쩌수는 강경했다. 어쨌든 이 과정에서 전쟁이 발생하리라는 것이 가시화되었고, 광둥 지역에서는 전쟁 준비를 한다. 영국 배가 광저우를 공격하기 위해서 들어가야 하는 하구 주변의 포대를 정비하고 요새화했다. 이때 영국이 홍콩을 점령했지만, 홍콩은 광둥 방어선 바깥 지역이었다. 광둥의 군사들은 영국군과 충분히 싸울 수 있다고 판단했다.

그런데 영국군은 광저우 지역을 본격적으로 공격하지 않았다. 해안을 거슬러 올라가 상하이 주변 지역을 공격했다. 전쟁 준비는 광둥 지역에서만 했다. 상하이 주변 지역은 전쟁 준비가 되어 있지 않았다. 영국군은 바로 이 지역을 점령한다. 그리고 영국군은 다른 지역을 건너뛰어 바로 톈진 주변으로 진출한다. 톈진은 베이징 바로 옆이다. 영국 함대가 베이징 바로 옆까지 왔다는 것을 알고 청나라는 패닉에 빠진다. 바로 영국과 강화하기로 한다. 광둥 지역에서 열심히 전쟁 준비를 했지만 별 소용없는 일이었다. 영국군은 청나라 수도인 베이징을 공략하려 했고, 베이징이 공격 위험에 빠지자 청나라는 바로 손들었다.

2차아편전쟁인 애로호 사건 때도 마찬가지이다. 이때 영국과 프랑스 군대는 광서우를 점령하고 다른 지역은 내버려둔 채 바로 톈진을 점령한다. 중국 땅은 넓고, 무수히 많은 대도시가 있다. 광저우는 전쟁이 처음 시작된 곳이니 그렇다 치고, 그 많은 중국 도시 중에서 영·프 군대는 톈진을 향한다. 바다에서 톈진을 점령하면 바로 그다음은 베이징이다. 청나라는 광저우가 점령당했을 때 눈도 깜짝하지 않았다. 하지만 톈진이 점령되고 베이징이 위협을 받자, 바로 굴욕적인 강화를 한다.

1894년 청일전쟁도 같은 형태이다. 일본군의 목적은 베이징이었다. 일본 육군은 조선, 만주, 랴오둥을 거쳐 베이징으로 향했다. 일본 해군이 청나라 해군에 대승을 거두며, 일본 전함은 바로 톈진에 들어갈 수 있게 된다. 이때 청나라는 일본에 강화를 요청한다. 중국 땅은 넓다. 다른 국가가 어느 한 부분을 점령한다고 해서 전쟁에 진다고 볼 수는 없다. 중국의 치명적인 약점은 그대로였다. 중국의 기타 지역은 다른 나라에 점령되거나 말거나 별 상관없다. 하지만 베이징은 다르다. 베이징이 위협을 받으면 전쟁은 끝난다. 베이징에는 최고지도자가 있다. 최고지도자만 위협하면 전쟁에서 승리할 수 있는 것이다.

이런 사정은 지금도 마찬가지이다. 중국의 내륙 국경선은 약 2만 2,800킬로미터나 된다. 엄청난 길이의 전선이 만들어질 수 있다. 하지만 중국과의 전쟁에서 이런 전선은 별로 의미가 없다. 중국의 치명적인 약점, 베이징에는 현재 중국 지도부가 거주하고 있다. 베이징만 제대로 공격해서 현재의 중국 지도부가 와해되면, 즉 베이징만 본격적으로 폭격하면, 중국은 대혼란에 빠지게 된다.

물론 베이징이 폭격당하고 지도부가 와해되었다고 해서 중국이 항복하지는 않을 것이다. 지도부가 와해되면 항복할 사람도 없다. 그런데 미국 입장에서 반드시 중국의 항복을 받을 필요는 없다. 중국이 싸울 힘이 없고 내부 혼란이 발생해서 더 이상 싸우지 못하게 되면 그것으로 된다. 중국 지도부가 와해되면 혼란이 발생할 것이다. 누가 다음 지도자가 되느냐 다툴 것이고, 20세기 초 같은 군벌정치가 다시 나타날 것이다. 중국에서 최고지도자는 전쟁 상황에서는 최고의 약점이다. 최고지도자만 제거하면 전쟁은 끝난다. 과거 황제시대에도 그랬다. 황제가 잡히면 중국은 와해되었다. 그래서 황제는 전장에서 멀리 떨어져 있고 전쟁에 직접 참여하지 않는 것이 원칙이다. 중국은 황제가 없어지면 대혼란이 온다.

청나라가 망했을 때 황제가 없어졌다. 그런데 이때는 자타가 공인하는 최고권력자 위안스카이가 있었다. 위안스카이는 황제가 되려 했지만, 그렇지 못한 상태에서 급사한다. 갑자기 최고권력자가 없는 상태가 되니 중국은 내란 상태가 된다. 곳곳에서 군벌이 일어나서 중국 통일을 노린다. 이것은 청나라 말에만 있던 현상이 아니다. 중국에서는 항상 최고권력자층이 사라지면 내란이 발생했다. 베이징 전체가 공격당하고 지도층이 와해되면 분명 중국은 내란 상태가 된다.

베이징은 중국 국경에서 멀다. 그래서 과거에는 베이징을 공격하기가 어려웠다. 하지만 지금은 아니다. 중국과 미국 간에 전쟁이 벌어지면 베이징은 바로 미국 전투기의 폭격권에 들어갈 수 있다. 다른 곳에서 아무리 중국군이 잘 싸워도 소용없다. 베이징만 제대로 공격하면 전쟁은 끝난다.

이 점에서 미국은 다르다. 미국의 수도는 워싱턴이고, 워싱턴에 대통령, 부통령, 상원·하원 의원들이 거주한다. 워싱턴을 공격하면 이들 지휘부를 모두 와해시킬 수 있다. 그런데 미국에서 대통령이 죽으면 어떻게 될까? 그 자리를 이어받을 부통령, 상원의장 등이 모두 한꺼번에 죽으면 어떻게 될까? 중앙집권형과 분권형에서 가장 차이가 나는 것은 이런 상황이다. 중앙집권형 국가에서는 어느 날 중앙부가 사라지면 대혼란이 발생한다. 하지만 분권형 국가에서는 자연적으로 이런 위기 상황이 정비된다. 미국은 대표적인 분권형 국가이다.

일단 미국의 주지사들이 협의해서 다음 대통령을 세운다. 대통령까지는 아니더라도, 현재 전시 상황에서 지도권을 가진 사람을 선출한다. 그러면 그 사람이 새로운 대통령으로서 권한을 행사한다. 어느 도시가 수도 기능을 담당할지는 모른다. 캘리포니아 주지사가 그 역할을 담당한다면 로스앤젤레스가 새로운 수도가 될 것이고, 텍사스 주지사가 그 역할을 맡는다면 댈러스가 수도 역할을 할 것이다. 중국이 그 도시를 폭격한다면? 그러면 또 다른 대통령 대행자가 나온다. 중앙집권형에 익숙한 사람들은 이런 지도자 변경이 큰 혼란 없이 바로바로 이루어진다는 것을 이해하기 힘들다. 한국 사람들도 중앙집권형이다. 어느 날 지도층이 없어지면 큰 혼란이 발

생할 것으로 생각한다. 하지만 분권형에서는 지도층이 없어
진다고 해서 그리 큰 문제가 아니다. 바로 그다음 지위 체계
가 큰 혼란 없이 세워진다.

미국과 중국 사이에 전쟁이 발생하면 어떻게 될까? 중국
땅은 넓다. 중국 전역에 수많은 전선이 형성되고, 미군과 중
국군 사이에 격전이 벌어질까? 국지전으로만 그친다면 그럴
수 있다. 하지만 보다 본격적인 전투가 발생하면 미군의 목표
지는 분명해진다. 베이징이다. 베이징만 정리되면 전쟁은 끝
난다. 중국의 항복문서를 받지 못할 수 있지만, 어쨌든 실질
적 전투는 끝난다. 하지만 중국군의 목표지는 분명하지 않다.
워싱턴을 공격한다고 해서 전쟁이 끝나는 것이 아니다. 중국
은 스스로의 힘으로 전쟁을 끝낼 수 없다. 미국이 전쟁을 끝
내자고 할 때에야 끝난다.

중국은 항상 최고지도층의 우수함을 강조하고, 최고지
도층에 대한 헌신과 복종을 요구한다. 평시라면 이런 체제도
괜찮을 수 있다. 하지만 미국과의 전쟁에서 이것은 치명적인
약점이 된다.

미국의 주변국,
중국의 주변국

태평양전쟁 당시 일본은 동남아시아, 필리핀 등에서 전투를 벌였다. 일본군은 초반부에는 이 지역에서 승세를 잡았지만, 곧 미군과 연합군이 반격하면서 어려움에 빠진다. 그런데 이렇게 일본군이 전투를 치르는 동안 일본군의 주력은 어디에 있었을까? 미군, 연합군과 동남아시아에서 다투는 일본군이 일본의 주력이었을까? 아니다. 일본의 주력은 만주, 그리고 중국에 있었다. 누가 뭐라 해도 일본 최고의 군대는 관동군, 즉 중국 침략을 위해 대륙으로 이동한 일본의 육군부대였다. 그런데 관동군은 대부분 만주에 주둔한 채 중국에서 전쟁을 벌였다. 정작 일본의 패배를 불러온 태평양전쟁에 관동군은 개입하지 않았다.

일본은 관동군을 동남아시아 전장으로 돌릴 수 없었다. 관동군이 동남아시아로 이동하면 곧바로 러시아와 중국 군대가 쳐들어올 것이다. 즉, 일본군은 전력을 다해 태평양전쟁을 치를 수 없었다. 일본군의 일부 병력만으로, 그것도 주력군이 아니라 비주력군으로 태평양전쟁을 치른 것이다. 만약 일본군이 주 전력으로 모든 힘을 다해 동남아시아 지역에서 싸웠다면 어땠을까? 최소한 지금 우리가 알고 있는 태평양전쟁의 진행과는 달라졌을 것이다.

실제 전쟁에서는 해당 국가의 전투력만이 전쟁 승패를 결정짓지 않는다. 일본의 관동군 예를 보듯이, 주변국과의 관계도 중요하다. 주변국이 우방국이냐 적대국이냐는 전쟁의 향방에 큰 영향을 미친다.

미국과 중국이 주변의 다른 나라하고 어떤 관계를 맺고 있는지를 보자. 미국과 국경을 마주하고 있는 국가는 캐나다와 멕시코다. 미국과 이 두 나라와의 관계는 어떨까? 캐나다와 멕시코는 미국의 가장 중요한 우방이다. 캐나다와 멕시코는 미국에 반대하지 않고, 대항하지도 않는다. 국제관계에서 캐나다와 멕시코는 미국을 적극적으로 지지한다. 국제무대에서 미국이 무언가를 주장하는데 캐나다와 멕시코가 반대하는 경우는 없다. 특히 캐나다는 영국과 더불어 국제무대에서 가장 적극적으로 미국을 지지하는 국가이다.

미국이 다른 나라와 큰 전쟁을 해서 미국 국방력에 문제가 생겼을 때, 캐나다나 멕시코가 미국을 공격할 가능성은 전혀 없다. 오히려 캐나다와 멕시코는 미국 편에서 같이 싸우겠다고 나설 국가들이다.

　이런 관계가 당연한 것이라고 보면 곤란하다. 많은 나라들이 자기 주변 나라들과 갈등을 일으킨다. 멀리 떨어져 있으면 차라리 아무런 문제 없이 잘 지낼 수 있다. 하지만 옆에 붙어 있으면 갈등 요소가 발생한다. 역사적으로도 몇 번 전쟁을 경험해서 서로 앙금이 남아 있는 것이 일반적이다.

　미국과 멕시코, 캐나다 사이의 관계가 처음부터 이렇게 좋았던 것은 아니다. 미국과 멕시코는 수차례 전쟁을 벌였다. 캘리포니아는 원래 멕시코 땅이었다. 1846년 미국-멕시코 전쟁에서 미국이 멕시코에 승리하면서 차지한 땅이다. 텍사스도 원래 멕시코 땅이다. 미국인들이 텍사스로 점점 많이 들어와 살게 되면서, 텍사스는 전쟁을 통해 멕시코로부터 독립을 한다. 이후 텍사스는 미국연방에 들어가기로 결정해서 지금 미국의 일부가 되었다. 멕시코 입장에서는 미국이 원수였다. 멕시코에서는 미국을 타도하자는 혁명군이 발생하기도 했다. 미국과 캐나다 사이에도 1775년 미국의 캐나다 침공작전이 있었고, 1812년 전쟁도 있다.

　과거에는 이렇듯 미국과 멕시코, 미국과 캐나다 사이에 영토를 둘러싼 전쟁과 분쟁이 있었다. 하지만 더 이상은 아니다. 미국과 멕시코, 미국과 캐나다 관계는 정말로 우호 관계가 되었다. 서로 적극적으로 지지하고 보호하는 관계이다. 국제무대에서 서로 인접한 국가를 이런 식으로 지지하는 경우를 보기 힘들 정도로 우호 관계를 유지하고 있다. 미국에 어떤 일이 있더라도 캐나다나 멕시코가 미국을 공격할 가능성은 보이지 않는다.

이런 미국에 비해 중국은 어떨까? 중국의 인접국은 북한, 러시아, 몽골, 미얀마, 네팔, 파키스탄, 아프가니스탄, 베트남, 카자흐스탄, 타지키스탄, 키르기스스탄, 라오스, 인도, 부탄 등 14개국이다.

중국 주변국의 특징은 중국과 사이가 나쁘다는 것이다. 당장 최근 몇십 년 사이에 중국과 군사분쟁이 있었던 국가만 해도 러시아, 베트남, 인도를 들 수 있다. 러시아, 인도와는 국경분쟁이 있었고, 1979년 중국-베트남 전쟁은 베트남이 작은 국가이면서도 말을 안 듣는다고 중국이 침공해서 발생했다. 어쨌든 인도와 베트남은 중국을 가장 중요한 가상적국으로 본다. 카자흐스탄, 타지키스탄 등의 국가는 위구르족이고 이슬람교를 믿는다. 중국 신장 지역은 인종적으로 문화적으로 이 '-스탄Stan, 지방이나 나라를 뜻하는 페르시아어의 접미사' 계열이다. 중국은 신장 지역의 위구르족을 탄압하고 있고, 스탄 국가들은 중국이 자기 민족과 문화를 탄압하는 것이기에 중국을 굉장히 민감하게 보고 있다.

국경을 맞댄 14개국 가운데 딱 2개국, 파키스탄과 북한이 동맹국이다. 파키스탄과 북한이라는 동맹국이 있다고 해서 주변 국가와 잘 지낸다고 판단해서는 곤란하다. 파키스탄과 동맹을 맺은 이유는 인도 때문이다. 인도와 파키스탄은 사이가 굉장히 안 좋다. 중국이 파키스탄과 동맹을 맺는 것은 인도를 견제하는 효과가 크다. 파키스탄과 동맹하고 있다는 것은 그만큼 인도와 사이가 안 좋다는 뜻이다. 또 북한과 동맹한 것도 북한과 잘 지내는 것 자체가 목적이 아니라 미국, 한국과의 분쟁 때문이다. 파키스탄, 북한이 중국 인접국으로서 동맹국이기는 하지만, 캐나다, 멕시코와 미국의 관계와는 엄연히 다르다.

육지가 아니라 바다로 국경을 접한 국가와는 육지 국경국보다 더 분쟁이 발생하고 있다. 일본, 베트남, 필리핀, 인도네시아 등이 중국과 바다로 서로 접해 있는데(타이완은 별개로 하자), 이들 국가들과는 한창 국경분쟁 중이다. 일본과는 센카쿠열도와 관련해 분쟁이 발생하고 있다. 또 중국이 남지나해를 모두 자기 바다라고 선언하고 해상기지를 만들고 있어, 남지나해 주변 국가들과는 모두 무력을 바탕으로 한 분쟁을 치르고 있다.

미국과 중국 간에 군사분쟁, 더 나아가 전쟁이 나면 어떻게 될까? 미국은 모든 군사력을 중국과의 전쟁에 투여할 수 있다. 중국과 전쟁을 하는 동안, 캐나다가 미국을 공격한다거나, 멕시코가 미국을 공격할 리는 없다. 미국은 다른 나라가 자기 나라를 공격할 가능성을 전혀 고려하지 않고 중국과의 전쟁에 전념할 수 있다.

하지만 중국은 그렇게 되지 않는다. 중국의 모든 군대를 미국과의 전장으로 보낼 수 없다. 러시아 국경에 있는 중국군은 현재 위치를 지켜야 한다. 인도 국경에 있는 중국 군대도 현재 위치에 있어야 한다. 중국의 전세가 안 좋으면 인도 군대가 침입할 가능성이 더 커지기 때문에 오히려 병력을 증가시켜야 한다. 남지나해 바다의 베트남, 필리핀 등도 틈을 봐서 남지나해의 중국군 섬 기지를 탈환할 가능성이 크다.

물론 이들 국가가 중국과 전면전을 하려는 것은 아니다. 단지 이 기회를 틈타 분쟁 지역을 되찾으려는 정도일 것이다. 국지전에 머무를 가능성이 크지만, 어쨌든 이들 국가가 해당 지역을 점령하면 그때부터 그 땅은 점령국의 땅이 되어버린다. 중국은 이후 미국과의 전쟁에서 승리한다고 하더라도, 사실 중국이 미국 땅을 점령할 리는 없다. 설사 중국이 승리하더라도, 주변국에 중국의 영토를 잃어버리면 전체적으로는 손해가 되는 상황이다.

중국은 주변국과의 분쟁에 대비하기 위해 계속해서 군대를 준비하고 전력을 증강해야 한다. 미국과의 전쟁을 위해서 모든 전력을 다 투여할 수 없다. 이런 점을 고려하면 중국의 군사력이 강하다고 해도, 실제 중국이 다른 나라와의 전쟁에 동원할 수 있는 병력은 그리 많지 않다. 다른 주변국과 전쟁을 할 때는 일부 병력만 동원해도 충분히 대응할 수 있다. 하지만 미국과 전쟁을 하는데 일부 전력만 가지고 전쟁을 할 수는 없다. 중국이 미국의 전력을 능가할 수 있는지조차 의문스러운 상황에서, 미국은 전력을 다하고 중국은 일부 전력만 사용할 수밖에 없다면 절대로 중국이 승리할 수 없다.

중국 군사력의 강대함을 이야기하는 사람들은 중국 군사력 전체의 힘만을 고려한다. 하지만 실제 전장에서 싸울 때는 전체 군사력이 모두 동원되는 것이 아니다. 군사력을 비교할 때는 실제 동원할 수 있는 군사력만을 고려해야 한다. 중국의 전체 군사력은 미군과 상대할 수 있을지 모른다. 하지만 실제 동원할 수 있는 군사력만 고려한다면, 중국의 군사력은 미군에 한참 부족하다.

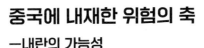

중국에 내재한 위험의 축
─내란의 가능성

1905년 9월 5일 미국의 중재로 러시아와 일본 간에 포츠머스조약이 만들어진다. 러일전쟁을 마무리 짓는 강화조약이다. 뤼순공방전, 펑톈전투, 쓰시마해전 등 주요 전투에서 모두 일본이 승리했다. 러시아는 중요한 전투에서 한 번도 이기지 못했다. 그래서 러일전쟁은 일본이 승리한 전쟁이라고 말한다. 그런데 포츠머스조약의 내용을 보면 이상하다. 당시에는 전쟁에서 지면 상대 국가에 배상금을 지불하는 것이 상식이다. 그리고 자기 나라 영토도 승전국에 할양하는 것이 일반적이었다. 하지만 포츠머스조약에서 러시아는 일본에 한 푼의 배상금도 지불하지 않았다. 러시아 영토도 일본에 할양하지 않았다. 단지 일본이 전쟁 과정에서 점령한 한반도와 만주 지역에서 우선권만 인정받았을 뿐이었다. 이곳은 일본이 러시아를 물리치고 점령한 지역이니 당연히 일본의 우선권이 인정되는 곳이었다. 일본은 자기가 점령한 지역 이외의 어떤 영토도 러시아로부터 받지 못한다.

일본 국민은 이 강화조약 결과를 듣고 들고일어난다. 강화 조건이 말이 안 된다는 것이었다. 하지만 일본 정부와 군대는 이 조약을 받아들일 수밖에 없었다. 그 이유는 간단했다. 러일전쟁에서 일본이 승리한 것처럼 알려지기는 했지만, 사실 일본이 이긴 것이 아니기 때문이다. 전쟁이 계속되면 일본은 패할 수밖에 없었다.

이 당시 러시아 병사와 물자는 계속 시베리아 철도로 만주 지역으로 수송되고 있었다. 펑톈전투에서 러시아가 패하긴 했지만, 한 번의 전투에서 졌을 뿐이다. 러시아 병사들이 더 보급되면 다시 일본군과 싸울 수 있다. 하지만 일본군은 아니었다. 보낼 수 있는 군사는 이미 다 보냈고, 대포, 포탄도 보낼 수 있는 건 다 보냈다. 더 이상 보급하고 지원할 수 있는 군사와 물자가 없었다. 다시 한번 전투가 벌어지면 그때는 일본군이 이길 수 없다. 설사 이때 또 이긴다 해도 러시아는 계속해서 군대와 물자를 보낼 수 있다. 일본의 패전은 시간문제일 뿐이었다.

계속 전쟁을 하게 되면 러시아가 이기고 일본이 진다는 것을 당시 일본의 군대도 러시아의 군대도 알고 있었다. 그래서 일본은 강화 조건이 말도 안 된다는 비판에도 불구하고 강화조약에 서명했다. 그런데 러시아는 왜 강화조약에 서명했을까? 계속 전쟁하면 분명히 이길 수 있는데, 왜 러시아는 '일본과의 전쟁에서 패했다'라는 오명을 쓰면서 전쟁을 끝내려고 했을까?

러시아가 일본과 더 이상 싸우려고 하지 않은 이유는 바로 러시아 내부에서 내란이 발생했기 때문이다. 소위 1905년 러시아혁명이다. 1905년 1월, 한창 러일전쟁이 진행되는 도중에 상트페테르부르크에서 반정부 시위, 피의 일요일 사건이 발생해 약 1,000명의 사상자가 발생했다. 이후 러시아 전역은 총파업, 폭동, 농민들의 소요 사태가 발생했고 내란 상태가 된다. 1907년 이 사태가 마무리될 때까지 약 9,000명이 사망했다. 러시아는 정권 안위와 관련되는 내부의 소요 사태를 정리하는 것이 더 위중했다. 그래서 일본과의 전쟁은 이길수 있음에도 불구하고 패전 상태에서 강화조약을 맺는다.

이 러일전쟁이 시사하는 것은 무얼까? 군사력이 강하다고 꼭 전쟁에서 이기는 것은 아니라는 점이다. 아무리 군사력이 강하다고 해도 국가의 내부 관계가 불안정하면 싸울 수 없다. 외국과 전쟁이 발발했는데, 내부에서 소요가 발생하고 반정부운동이 일어나면 아무리 힘이 있어도 제대로 힘을 발휘할 수 없다.

미국과 중국 사이에 전쟁이 발발한다고 가정해보자. 미국의 국내 사정과 중국의 국내 사정은 어떨까? 러시아처럼 국내 사정으로 더 이상 싸울 수 없는 사태가 발생할 가능성이 큰 국가는 어디일까?

미국이 중국과 전쟁을 한다면, 미국 내에서 소요 사태가 일어날 가능성은 존재한다. 당장 1960년대 베트남전쟁 당시 미국에서는 내부적으로 반전운동이 일어났다. 베트남전쟁을 왜 해야 하는지, 미군이 왜 머나먼 베트남에 가서 피를 흘려야 하는지 회의가 일어났고, 반전운동은 미국 전역을 휩쓸었다. 하지만 베트남전쟁에서 중요한 문제는 '왜 미국이 베트남을 위해서 전쟁을 해야 하는가'의 문제였다. 미국과 특별한 연관이 없는 전쟁에는 참여할 수 없다는 것이었다. 그러나 중국과 전쟁이 벌어진다면 이런 모호함은 없다. 중국과 미국의 전쟁은 미국의 이익과 운명에 큰 영향을 미친다. 그리고 미국인들은 미국의 운명에 영향을 미치는 전쟁 앞에서 분열된 모습을 거의 보이지 않는다. 이건 미국이 특별해서가 아니다. 대부분 나라에서는 외국과 전쟁이 벌어지면 내부 문제는 덮고 외국과의 전쟁에 몰두한다. 전쟁을 하는데 내부적으로 소요 사태가 발생한 러시아가 이상한 것이다. 당시 러시아제국에 워낙 문제가 많았기 때문에 발생한 현상이다.

그러면 중국은 어떨까? 중국과 외국 간 전쟁이 발발하면 중국은 내부적으로 큰 분열이 발생할 가능성이 크다. 티베트, 신장 지역은 오랫동안 중국으로부터 독립하려 하고 있다. 독립운동 역시 몇십 년간 계속해서 이루어지고 있다. 중국이 무력으로 강력히 억압해서 소요 사태가 계속 발생하지 않을 뿐이다. 그런데 미국과 중국 간 전쟁이 발발하면 중국은 더 이상 이 지역을 강력히 통제하고 유지하는 일이 어려워진다.

티베트, 신장 지역의 독립운동가들은 중국이 미국과 전쟁할 때 전쟁 기간에는 분쟁을 멈추자고 할까, 아니면 이 기회를 틈타 독립을 이루려고 할까? 티베트, 신장 지역은 청나라에 속해 있었지만, 청나라가 외국과의 전쟁에서 패하고 어려울 때 청나라로부터 독립해 나간 지역이다. 이후 마오쩌둥이 권력을 잡으면서 이전에 청나라 땅이었다고 다시 합병해서 중국의 일부가 되었다. 티베트, 신장 지역은 자신들이 중국이라는 관념이 별로 없다. 청나라가 어려울 때 독립했던 것처럼, 중국이 어려우면 독립을 시도할 것이다.

중국에서 독립하려는 지역은 티베트와 신장 지역 이외에도 많다. 당장 홍콩이 중국 중앙정부에 대항하고 있고, 네이멍구 자치구 지역도 몽골과 통합하려는 움직임이 있다. 중국이 강할 때에는 중국의 무력이 무서워 중국에 속해 있지만, 중국이 약한 모습을 보이면 언제든지 떨어져 나갈 가능성이 있는 지역이다. 이런 상태에서 중국과 미국의 전쟁은 이들 지역에 절호의 기회를 제공한다. 실제 중국으로부터 독립할 수 있느냐는 별개로 하고, 일단 중국에 대항해 일어날 가능성은 상당히 크다.

아무리 중국 군대가 강해도, 이렇게 내부에서 소요 사태, 독립운동이 발생한다면 전력을 다해 미국과 싸울 수 없다. 한 군데도 아니고 중국의 무수한 지역에서 동시다발적으로 이런 사태가 벌어진다면 중국 자체가 무정부 상태가 될 수도 있다. 이때 미국은 이들 지역의 독립운동에 무기를 제공하면서 전면적으로 지원할 것이다. 그동안 미국은 이들 지역의 독립을 지원하면서도 무기 등을 제공하지는 못했다. 하지만 중국과 전쟁 중이라면 거리낄 것 없다. 중국 군대가 티베트, 신장 지역의 소요를 그동안 쉽게 진압해왔지만, 그것은 티베트, 신장에 중국군에 대항할 무기가 없었기 때문이다. 미국의 무기를 손에 쥐면 이야기가 달라진다. 중국은 미국과 본격적으로 전투하기 이전에 내란에 휩싸일 가능성이 크다. 그리고 중국이 이렇게 내란에 휩말리면서도 미국과의 전쟁에서 승리할 것이라고 예측할 수는 없다. 미국과 중국 간 전쟁은 이런 내부 반란의 문제로 인해 미국이 우위에 있다고 판단하는 것이 더 합리적이다.

4장

중국과 일본:
동아시아의 미래를
둘러싼 대립

중국과 일본의
대립 구도

중국과 일본이 전쟁을 벌이면 누가 이길까? 한 국인들은 이에 대해 쉽게 답을 낸다. 중국이 이긴다. 중국은 거대한 국가이고 일본은 작은 국가이다. 땅덩이를 비교해도, 인구수를 비교해도 일본은 중국의 상대가 되지 않는다. 중국의 군사 수만 해도 230만 명이 넘는데 일본은 31만 명밖에 안 된다. 일본이 중국의 상대가 될 리가 없지 않은가.

그런데 전쟁의 승부는 군사 수, 영토 크기에 따라 결정되지 않는다. 전투기 수, 탱크 수, 박격포 수, 전함 수에 의해서도 결정되지 않는다. 사실 전쟁의 승패는 예측하기 힘들다. 그래도 전쟁의 승패를 가장 잘 예측할 수 있도록 하는 지표는 과거의 전적이다. 과거에 어땠느냐가 가장 객관적인 예측 지표다.

일본과 중국 사이에 있었던 전쟁을 살펴보자. 일본과 중국이 처음 공식적으로 붙은 것은 1300년대 원나라의 일본 정벌이다. 원나라-고려 연합군이 일본에 쳐들어갔다. 두 번 쳐들어갔는데, 모두 쓰시마섬(대마도), 규슈 북쪽 지역에만 갔다. 태풍으로 엄청난 피해만 입고 바로 철수했다. 공식적으로 중국의 패전이었다.

1594년 조선의 임진왜란 때 명나라 군대와 일본 군대가 싸웠다. 명나라가 이긴 건 평양성전투뿐이었다. 명나라 장수 이여송이 벽제관전투에서 패해 물러난 이후, 두 나라 사이에 제대로 된 전투는 없었다. 일본군은 도요토미 히데요시가 죽으면서 스스로 물러난다. 명나라는 결국 일본군을 물리치지 못했다.

1894년 청일전쟁이 일어난다. 조선은 당연히 청나라가 이길 줄 알았다. 전쟁 초기 일본이 한양을 점령한 상태이지만, 조선은 일본의 요구에 제대로 따르지 않았다. 곧 청나라가 일본을 물리칠 것으로 보았고, 청나라에 계속 줄을 댔다. 하지만 이때 조선 이외에 청나라가 이길 것으로 생각한 나라는 없었다. 일본은 청나라와 싸우면 분명히 이길 것으로 보고 어떻게든 싸울 구실을 만들려고 했다. 청나라는 일본과 싸우면 불리하다는 것을 알고, 어떻게든 싸움을 피하려 했다. 청나라는 싸우지 않으려 했지만, 일본이 어떻게든 트집을 잡아서라도 싸우려고 달려들었기 때문에 결국 전쟁으로 끌려들어갔다. 서구 제국들도 일본이 승리할 것으로 보았다. 군대의 질, 무엇보다 장비 면에서 청나라는 일본의 상대가 되지 않는다고 판단했다. 청일전쟁에서 청나라가 패배할 것이고, 이를 계기로 청나라는 근대화의 길을 걸을 수 있을 것이라 보았다. 결국 청나라가 이길 것이라고 예측한 나라는 조선뿐이었다. 당시 조선이 국제관계를 보는 눈이 아예 없었다는 것은 이 판단에서도 드러난다.

청일전쟁의 결과는 일본의 압도적인 승리로 끝난다. 서구 제국들은 일본의 승리를 예견했지만 그렇게까지 압도적으로 이길 줄은 몰랐다. 그동안 아시아의 절대 강국으로 생각하고 있던 청나라가 실은 그렇게 강하지 않다는 것을 알려준 전쟁이었다.

1920년대 중국 만주의 주요 군벌은 장쉐량이었다. 장쉐량은 중국의 모든 군벌 중에서 가장 개명한 군벌이었다. 과학의 힘, 기술의 힘을 믿고, 군대의 근대화에도 가장 힘쓴 군벌이다. 만주 군벌은 중국에서 가장 많은 전투기를 보유하고 최신 장비로 무장했다. 당시 중국 최강군도 만주 장쉐량 군대였다. 1931년 만주사변이 발생한다. 만주 철도에서 폭발 사고가 있었고, 일본군은 그 원인이 중국군이라 지목하면서 중국군에 이를 빌미로 싸움을 걸었다. 이때 중국군은 일본군과의 전투를 포기한다. 군벌 지도자인 장쉐량이 술에 취한 상태에서 일본군과 싸우지 말라고 명령했고, 일본군은 싸우지 않고 만주군의 전투기 등 무기를 모두 압수한다. 중국 최강의 만주군은 일본과 한 번 싸우지도 못한 상태에서 만주를 일본에 넘긴다.

1939년 중일전쟁이 발발한다. 이때 일본은 중국 해안지대 대부분을 점령한다. 단순히 땅만 점령한 것이 아니라 지금 우리가 알고 있는 대부분의 중국 유명 도시, 즉 베이징, 톈진, 상하이, 난징 등이 모두 일본 지배지가 된다. 내륙 지방을 일본이 점령하지 못한 것이지, 해안 지방과 중국의 주요 지역은 모두 일본에 점령당한 상태였다. 중국은 계속 일본과 싸우기는 했지만, 일본군을 물리치지는 못했다. 일본은 중국에 져서 중국에서 물러난 것이 아니다. 일본은 미국에 졌고, 그 조건에 따라 중국에서 물러났다. 중국은 일본과 싸워서 이기지 못했다.

중국과 일본 사이에 벌어진 역대 전쟁에서, 중국은 한 번도 일본을 이기지 못했다. 오히려 일본이 주도권을 가지고 중국을 짓밟았다. 일본은 청일전쟁에서 중국을 완전히 이겼고, 그 이후에도 압도적 전력으로 중국에 우세를 보였다.

사람들이 지금 중국이 일본보다 우수하다고 보는 이유와 비교해서 볼 때, 과거의 중국은 얼마나 달랐을까? 지금 중국의 인구가 세계 최대라 하지만, 청일전쟁 당시에도 중국의 인구는 세계 최대였다. 중국 군사가 압도적으로 많다고 하지만, 1900년대 초에도 군사 수에서는 중국이 일본을 압도했다. 무기와 장비에서도 중국은 절대 일본에 뒤지지 않았다. 만주사변, 중일전쟁에서 중국군의 무기는 모두 미국, 영국, 독일 등 서구 국가에서 도입한 일류 제품이었다. 그럼에도 막상 중국은 일본을 이기지 못했다. 중국이 약하기보다는 일본이 강했다.

일본은 군사적으로 만만한 국가가 아니다. 중국은 지금 항공모함 2척을 가지고 있지만, 일본은 1941년대에 이미 6척 이상의 항공모함을 운영하고 있었다. 실제로 지금까지 일본군을 이긴 군대는 미국밖에 없다. 최소한 중국과 일본이 싸우면 분명 중국이 이긴다고 쉽게 말할 수 있는 수준은 아니다.

중국과 일본의 전쟁에서 일반인들은 중국에 손을 들어주지만, 막상 전문가들은 일본의 손을 들어준다. 현대전은 무기, 장비의 전쟁이다. 그리고 무기, 장비의 양보다는 질이 중요하다. 특히 정밀도가 중요한데, 일본은 이 분야에 일가견이 있다. 내 무기는 명중도가 80%인데 상대 무기는 명중도가 90%라면 전투의 결과는 사실상 결정된 것이다. 목숨 걸고 열심히 싸우는 것과 전투 결과는 상관없다.

그리고 앞에서 미국과 중국이 싸운다고 가정했을 때 살펴본 중국의 문제점은 일본과 싸울 때도 똑같이 적용된다. 중국의 전체 전력과 일본의 전체 전력이 맞붙으면 중국이 이길 수 있다. 그러나 중국은 일본과의 싸움에 전력을 다할 수 없다. 중국은 러시아와의 4,354킬로미터 국경에 군대를 배치해야 하고, 중앙아시아와 인도 국경에도 군대를 배치해야 한다. 동남아시아 국경에도 군대가 주둔해야 한다. 그리고 홍콩, 티베트, 신장 등 독립을 요구하는 지역들도 있다. 여기에도 군사 주둔이 필요하다.

일본 군대가 31만 명이면 이 31만 명은 모두 중국과의 전쟁에 나설 수 있다. 하지만 중국군은 아니다. 중국군이 230만 명이라고 하지만, 막상 일본군과의 전쟁에 동원할 수 있는 군대는 그중 일부일 뿐이다.

또 중요한 것 하나. 일본이 중국과 싸우면 당연히 미국이 개입한다. 미국과 일본은 동맹국이다. 어느 한쪽이 전쟁에 들어가면 다른 한쪽도 당연히 전쟁에 개입하는 것이 의무화되어 있다. 일본 대 중국의 전쟁이 아니라, 일본-미국 대 중국의 전쟁이다. 아무리 중국 군대가 우수해도 일본-미국과 대적해 이길 것을 기대할 수는 없다.

중국과 일본이 싸우면 일본이 이긴다고 생각해야 한다. 최소한 결과를 알 수 없다고 생각해야 한다. 당연히 중국이 이길 것이라고 생각하고 국가 전략을 짠다면, 청일전쟁에서 조선만이 유일하게 청나라가 이길 것으로 판단했던 역사의 오류를 다시 저지르게 된다.

중국의 위협

─서태평양은 중국이 관할하자?

2007년 5월 미국 태평양군 사령관 티머시 키팅 해군대장이 중국을 방문했다. 이때 중국군 관계자가 티머시 키팅에게 태평양을 미국과 중국이 분할해서 관할하자는 제안을 했다. 지금 태평양은 미국이 모두 관할한다. 이 태평양을 나누어 동쪽은 미국이, 서쪽은 중국이 관할하자는 주장이다. 지금 당장 하자는 이야기는 아니었다. 중국이 항공모함을 가지고 충분한 해군력을 가지게 되면, 그때 태평양을 분할하자는 것이었다.

티머시 키팅 사령관은 이 제안을 바로 거절했다고 한다. 하지만 중국이 이런 제안을 했다는 것 자체가 문제시된다. 이런 언급 자체가 중국이 태평양을 지배하고자 하는 의도가 있다는 것을 의미한다. 지금은 힘이 없어 이대로 있지만, 앞으로 중국이 힘을 가지면 태평양을 지배할 것이라는 의도를 말한다. 미국과 싸울 건 없고, 그냥 태평양을 사이좋게 나눠 가지면 되지 않느냐는 발상이다.

이 발언이 계속 문제가 되자, 중국은 이 발언을 한 사람은 정식 권한을 가진 사람이 아니며, 개인의 의견일 뿐이라는 대응을 한다. 그런데 중국에서 이런 발언은 개인이 함부로 하지 못하게 되어 있다. 중국은 언론의 자유가 인정되지 않는 국가이다. 다른 자리도 아니고 외국인, 더구나 미국의 태평양군 사령관을 만난 자리에서 자기 맘대로 자기 생각을 이야기하는 것은 허용되지 않는다. 이때의 대화는 모두 사전에 이야기가 된 것이거나, 아니면 최소한 중국 위정자 내부에서는 일반화된 이야기이다. 미국 측이 이 발언은 절대로 개인의 의견에서 나온 것이 아니며, 중국의 미래전략 방향이라고 생각하는 이유이다.

우리는 이 중국의 발언이 미국과 중국 사이의 패권 다툼, 미국과 중국 사이의 세력권에 관한 이야기로만 생각한다. 하지만 일본 입장에서 중국의 이 발언은 단순히 중국과 미국 간 패권 다툼으로 한정되지 않는다. 일본 입장에서 중국이 태평양 서쪽을 관할하겠다는 것은, 중국이 일본을 지배하겠다는 것과 같은 말이다. 중국은 대놓고 일본을 자기 세력권으로 하겠다고, 일본을 지배하겠다고 말한 것이다.

중국은 태평양 서쪽을 관할하겠다고 말했다. 그런데 태평양 서쪽이 어디일까? 중국 본토와 미국 본토를 기준으로 동쪽과 서쪽을 나누면 하와이 근방이 기준점이 된다. 하와이는 미국 땅이지만, 하와이 서쪽에서 일정 거리만큼 떨어진 곳을 기준으로 미국의 세력권과 중국의 세력권이 나눠질 것이다.

그런데 지금 이 지역의 바다를 세력권으로 하고 있는 나라는 어디일까? 일본이다. 일본은 서태평양 전역에 많은 섬을 가지고 있다. 이 섬에서 인근 200해리는 배타적 경제수역으로, 일본의 우선권이 인정된다. 바다 한가운데 섬에서 200해리를 인정받으니, 그 전체 넓이는 굉장히 넓다. 지금 공식적으로 일본의 배타적 수역으로 인정되는 구역은 다음 그림 3과 같다.

일본은 남쪽 오키노토리시마 아래쪽으로 더 넓은 바다 영토를 주장하고 있지만, 유엔으로부터 확정적인 인정은 받지 못하고 있다. 거부가 아니라 미확정이다. 일본의 바다 영토가 이것보다 더 넓어질 가능성이 있다.

그림 3의 바다 영역을 보자. 일본이 관할하고 있는 바다가 거의 서태평양 전체이다. 서태평양은 실제 미국이 관할하고 있는 것이 아니라, 일본이 관할한다. 미국과 일본이 강력한 동맹국이기 때문에 미국이 이 바다를 마음대로 이용하고 있는 것뿐이다.

중국이 서태평양을 관할하겠다는 이야기는 바로 이 일

그림 3 일본이 주장하는 영해와 배타적 경제수역

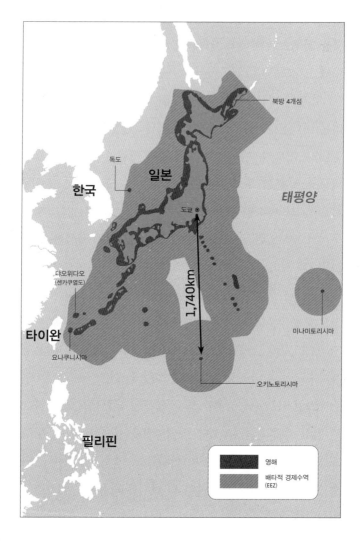

북방 4개섬

독도

일본

한국

태평양

도쿄

다오위다오
(센카쿠열도)

1,740km

미나미토리시마

타이완

요나쿠니시마

오키노토리시마

필리핀

영해

배타적 경제수역
(EEZ)

*출처: 일본 해상보안청 해양정보부

본의 바다를 관할한다는 이야기이다. 일본 관할의 바다를 어떻게 중국이 관할하나? 이는 중국이 일본을 자국 세력권으로 하겠다는 말이다. 만약 일본이 중국 세력권으로 들어오지 않으면, 태평양전쟁에서 미국이 일본을 무릎 꿇린 것처럼 중국도 일본을 패배시켜야 중국의 세력권으로 만들 수 있다.

미국 입장에서 중국의 서태평양 관할 이야기는 세력재편에 대한 이야기일 수 있다. 그러나 일본 입장에서 중국의 서태평양 관할 이야기는 중국이 일본을 속국화하겠다는 이야기이다. 지금 일본은 미국의 동맹국인데, 일본을 미국으로부터 떼어내 자신의 세력권으로 하겠다는 이야기이다. 물론 중국은 거기까지는 생각하지 않고 태평양 지배만을 생각했을 수도 있다. 하지만 서태평양을 지배하기 위해서는 필연적으로 일본을 세력권으로 해야 한다. 결과적으로 일본에 대한 야욕을 드러낸 것이다.

일본이 중국을 경계하고, 가상적국으로 간주하고, 중국에 대한 대비책을 세우는 것은 괜히 그런 것이 아니다. 중국은 일본을 자기 세력권으로 하는 것을 목적으로 하고 있다. 일본의 바다를 자기 바다로 만들려 하고 있다. 일본이 자기 앞바다를 지배하는 것은 인정할 수 있다. 그러니 미국이 일본 앞바다를 왔다 갔다 하는 것도 인정할 수 있다. 그러나 미국 이외의 다른 나라가 일본의 바다를 지배하는 것은 일본 입장에서는 받아들일 수 없는 일이다. 중국은 힘이 커지면 분명히 서태평양에 진출할 것이다. 그리고 일본은 분명히 이에 대항할 것이다. 중국은 미국과 부딪치기 전에 일본과 먼저 부딪친다. 미국은 동맹국으로 일본을 적극적으로 지지할 것이다. 결국 중국과 미일 대결 구도가 될 수밖에 없다.

한국이 생각하는 중국, 일본이 생각하는 중국

중국은 G2Group of 2 국가이다. G2란 의미가 무엇인가? 바로 전 세계의 경제와 안보 질서에 영향력을 행사하는 단 두 나라란 의미이다. 미국에 뒤이은 세계 최강대국이다. 지금은 미국보다 약하다고 하지만, 앞으로 미국을 능가할 것이다. 미국을 제치고 세계 1위의 최강대국이 되지 못할지라도, 최소한 아시아 지역에서의 맹주는 된다. 과거 아시아를 중국이 지배했듯이, 앞으로도 중국은 아시아에서는 절대적인 위치를 차지할 것이다. 중국이 유럽, 아메리카까지 영향권으로 두지 않을 수는 있어도, 최소한 아시아는 모두 중국 영향권이 될 것이다. 많은 한국 사람들이 이렇게 생각한다. 그렇기에 한미동맹을 끝내고 중국 편에 서자는 이야기가 나온다.

그러면 일본은 중국을 어떻게 생각할까? 일본도 중국이 G2로 미국을 제치고 세계 최강대국이 될 것으로 생각할까?

세계 전체는 몰라도 아시아에서는 중국이 절대적인 권력을 가질 것이라고 생각할까?

다시 임진왜란 당시를 보자. 임진왜란은 원래 일본이 중국 명나라를 쳐들어가기 위해 벌인 전쟁이다. 조선이 목적이 아니라 중국이 목적이었다. 일본은 임진왜란이 일어나기 전, 자신들은 명나라를 치러 가겠다고 말했다. 하지만 조선은 이것이 말도 안 된다고 보았다. 조그만 나라인 일본이 거대한 나라인 명나라를 공격한다는 것은 있을 수 없는 것으로 보았다. 일본이 명나라를 거스르고 전쟁을 일으킨다는 것은 불가능한 일이다. 일본이 이대로 가면 전쟁이라고 그렇게 말해도, 조선이 계속 무시한 주된 이유는 이것이다. 조그만 일본이 중국과 대결한다는 것 자체가 상상할 수 없는 일이었다. 조선이 보기에 일본은 중국과 전혀 상대가 안 되는 국가였고, 비교 대상 자체가 아니었다. 조선은 중국을 정말로 크고 강한 국가로 생각했다.

그렇다면 일본도 중국을 정말로 크고 강한 국가로 생각했을까? 아니다. 일본은 중국을 충분히 이길 수 있다고 생각했다. 중국과 일본은 서로 떨어져 있는데 일본이 중국의 실력을 어떻게 알 수 있었을까? 일본은 중국과 계속해서 교역했다. 조선은 해외무역 네트워크에서 벗어나 있었지만, 일본은 바다를 통해서 중국 남부와 계속 교역했다. 당시 중국 사정은 조선보다 일본이 더 잘 알고 있었다. 일본 사정도 조선보다는 중국이 더 잘 알고 있었다.

일본이 중국을 공격하겠다는 것은 정말이었다. 무엇보다 이때 중국군의 주력은 아직 칼, 창, 화살이었다. 총은 없다. 칼, 창, 화살만 사용하는 군대가 총을 든 군대를 상대할 수 없다는 것을 일본은 오랜 내전을 겪으면서 확실히 알았다. 일본군은 중국군과 싸우면 충분히 이길 수 있다. 이것이 당시 일본의 생각이었다. 일본은 조선처럼 중국을 강국으로 생각하지 않았다. 일본 사람들이 도요토미 히데요시의 중국 원정을 반대한 것은 중국과 싸우면 질 것이라고 판단해서 반대한 게 아니다. 100년 넘는 내전이 간신히 끝나고 평화가 찾아왔는데, 도요토미 히데요시가 또 싸우자고 나왔기 때문이다. 중국과 전쟁을 하면 앞으로 또 몇십 년 전쟁이다. '이제 전쟁을 그만하자'라는 것이 전쟁 반대 이유였다. '중국과 싸우면 지니까 싸우지 말자'가 아니었다.

1894년 청일전쟁 때도 조선은 당연히 청나라가 이길 것으로 보았다. 이렇게 크고 강한 국가가 일본 같은 작은 섬나라에 질 리가 없다, 대국인 청나라에 대드는 일본은 주제도 모르는 나라라고 보았다. 당시 위정자들이 일본을 무시하고 청나라만 생각한 이유이다. 그러면 일본은 청나라와 전쟁하면서 강국인 청나라에 질 가능성이 크다고 생각했을까? 질 가능성이 크지만 그래도 열심히 싸워 역전해보자는 생각으로 싸움을 걸었을까? 일본은 러시아와 전쟁할 때는 이길지 질지 확신을 하지 못하고 전쟁을 시작했다. 다만 전쟁 초기에는 분명히 이길 수 있다고 판단했다. 초기에 승리하고 빨리 강화한다는 것이 기본 전략이었다. 하지만 청나라와의 전쟁은 아니었다. 싸우면 분명히 이긴다는 확신을 가지고 전쟁을 시작했다. 조선은 청나라를 대국이요, 강국으로 생각했지만, 일본은 그렇게 보지 않았던 것이다.

일본이 중국을 무시하는 것은 청일전쟁 이후에도 계속되었다. 일본은 만주사변을 일으켜 만주를 점령했다. 이후 중일전쟁을 일으켜 중국을 공격했다. 이렇게 중국과 전쟁을 벌이면서도 중국과 싸워서 지면 어떻게 하나, 걱정하지 않았다. 일본은 중국을 맞상대로 보지 않았다. 오히려 몇 수 아래로 보았다. 일본이 걱정한 것은 중국 땅은 넓은데 어떻게 전쟁을 마무리하느냐는 문제였다. 전쟁의 승패를 걱정한 게 아니다. 일본이 오만하기 때문이 아니다. 미국과 전쟁할 때는 전쟁의 승패에 대해 고민했다. 하지만 중국과의 전쟁에서는 그런 고민은 전혀 하지 않았다. 중국과의 전쟁은 분명히 일본이 이긴다. 남은 문제는 전쟁터가 넓고, 서구 국가들이 계속 중국에 무기를 지원한다는 점이었다.

한국 사람들이 중국을 대국이고 굉장히 강한 국가로 보

는 것은 현재도 마찬가지이다. G2는 미국과 중국을 세계 최강 2개국으로 상정하고 사용하는 단어이다. 한국에서는 G2가 일반적인 용어이다. 그러나 다른 나라에서 G2는 일반적인 용어가 아니다. 어느 나라도 중국을 미국과 동렬로 놓지 않는다. 일본도 마찬가지이다. 일본에서는 중국을 미국과 맞설 만한 강대국으로 보지 않는다. 중국이 그것을 원한다는 것은 알고 있다. 하지만 실제 실력 면에서 절대 그렇지 않다고 인식한다.

한국의 서점에 가면 중국에 관한 책이 많다. 대부분 중국의 미래에 대해 긍정적이고, 중국의 발전, 중국의 세계진출에 관해 이야기한다. 중국에 관해 부정적인 책도 가끔 나오지만 이런 책은 대부분 외국 번역서이다. 한국 저자들이 쓴 중국 책은 대부분 중국의 미래에 대해 긍정적이다. 한국 저자들의 책 중 중국에 부정적인 책은 얼마 안 된다.

일본의 서점은 분위기가 다르다. 일본에서 베스트셀러인 중국 관련 책은 대부분 중국이 망해간다는 책이다. 서양의 번역서도 아니고 일본 저자들이 쓴 책이다. 일본에서의 중국 인식은 부정적이다. 중국이 아시아를, 나아가 세계를 지배할 것이라고 보는 책은 찾기 힘들다.

한국은 역사적으로 계속해서 중국은 대국이자 강국으로 보았다. 아시아의 맹주이자 우리가 대적할 수 없는 존재로 보왔다. 한국만이 아니라 다른 나라들도 대적할 수 없는 국가로 판단했다. 그러나 일본은 아니다. 일본은 역사상 한 번도 중국이 자기보다 월등한 강국이라고 생각한 적이 없다. 단지 땅 덩어리만 큰 국가일 뿐이다. 또 일본은 한 번도 중국을 아시아의 맹주라고 생각한 적이 없다. 중국과 서로 싸우면 분명히 일본이 이긴다고 생각했다.

조선시대에 중국 황제가 조선 왕에게 왕으로 책봉한다는 조서를 내리면 조선은 그 사신을 받들고, 조서를 받들었다. 중국이 조선 왕을 정식으로 책봉하는 것은 영광스러운 일이고, 왕의 권위를 인정받기 위한 필수 절차였다. 일본은 아니었다. 임진왜란 때 명나라 황제는 도요토미 히데요시를 일본 왕으로 책봉한다는 조서를 내렸다. 그 조서를 보고 도요토미 히데요시는 이게 무슨 헛소리냐고 중국 사신을 쫓아냈다. 명나라 황제의 책봉을 영광스럽다고 여기는 인식은 일본에 없었다.

한국은 조선시대와 마찬가지로 계속해서 중국이 강대국이라는 것에 절대적인 신뢰를 보이고 있다. 그러나 일본은 중국이 넘보지 못할 강대국이자 아시아 패권국이라는 인식을 해본 적이 없다. 한국이 생각하는 중국과 일본이 생각하는 중국은 다르다.

단 한 번도
중국 세력권인 적 없는 일본

전통적으로 중국의 대외관계는 조공 관계였다. 중국의 주변 국가는 중국에 조공을 바친다. 조공을 바치는 것은 '속국'이라는 의미였다. 중국의 속국이 천자국인 중국에 조공을 바친다. 그러면 중국은 조공국에 은혜를 베푼다. 조공국이 바친 예물의 세 배를 선물로 준다. 그리고 중국과 조공국 간에 무역을 허용한다. 중국에 있어 무역은 조공국에만 주는 특혜였다. 중국은 거의 모든 물건이 있기 때문에 무역이 특별히 필요하지 않다. 하지만 가난한 조공국이 중국의 물품이 필요하다고 하니 특별히 무역을 허용하는 것이다.

중국 주변 아시아 국가는 모두 중국의 조공국이었다. 조선도 조공국이고, 일본도 조공국이다. 베트남도, 타일랜드도 조공국이다. 중국 입장에서는 모두 중국의 속국이었다. 그런데 정말로 이 나라들이 중국을 천자국이고 상국이라고 여기며 진심으로 섬긴 것일까?

1793년 영국의 조지 매카트니 백작이 이끄는 사절단이 중국에 갔다. 당시 영국 왕이던 조지 3세의 친서를 들고 왔다. 중국과 영국 간에 친교를 맺고, 서로 무역하자는 내용의 친서였다. 왕의 친서를 들고 온 이상, 중국 황제를 만나야 했다. 1793년 8월 황제의 별장인 피서산장에서 매카트니는 청나라 황제 건륭제를 만나게 된다.

청나라 사람들은 매카트니 사신이 청나라 황제를 만날 때 삼궤구고두례를 하라고 했다. 세 번 절하고 아홉 번 머리를 땅에 조아리는 예식이다. 중국의 속국, 조공국의 사신들이 강요당했던 절차였다. 중국의 속국은 중국의 신하 나라이다. 신하의 나라에서 황제의 나라에 와 황제를 만나니 신하의 예를 해야 한다는 것이다. 삼궤구고두례는 자기 나라가 중국의 신하 나라라는 것을 보여주는 예였다. 병자호란 때 인조도 청나라 황제 태종에게 이 삼궤구고두례를 하는 굴욕을 당했다.

영국의 사신 매카트니는 삼궤구고두례를 거절한다. 영국은 청나라의 속국이 아니라는 이유였다. 하지만 청나라는 매카트니가 삼궤구고두례를 하지 않으면 황제를 만날 수 없다고 했다. 서로 다투다가 매카트니는 제안한다. 자기가 청나라 황제에게 삼궤구고두례를 해야 한다면, 영국 왕의 초상화를 그 자리에 가져갈 테니 청나라도 그 초상화에 삼궤구고두례를 하라. 서로 평등하게 삼궤구고두례를 하면 자기도 하겠다고 했다. 청나라는 이를 받아들일 수 없었다. 삼궤구고두례는 자기가 상대국의 신하라는 것을 증명하는 예식이다. 청나라에서 영국 왕 초상화에 삼궤구고두례를 한다면 청나라가 영국의 신하 국가가 된다. 결국 청나라는 매카트니 사신에게 영국 관습대로 한쪽 무릎을 굽히는 예만 하는 것을 허용한다. 매카트니 사절단 이야기는 그동안 이어져 오던 중국의 대외관계 방식이 서구 제국과 충돌한 첫 번째 사건으로 유명해진다.

그런데 매카트니 이야기는 1793년이다. 이전, 그리고 그이후 중국을 방문한 서구의 사신들은 많다. 그럼 이 사신들은 어떻게 했을까? 이 사신들도 자기 나라는 중국의 신하가 아니기 때문에 삼궤구고두례를 할 수 없다고 주장했을까? 삼궤구고두례를 하지 않은 것은 매카트니 사신뿐이었다. 다른 나라 사신들은 다 중국 황제에게 삼궤구고두례를 했다. 하지만 정말로 자기 나라가 중국의 속국이라고 생각하지는 않았다. 그래야 교역할 수 있다고 하니 그랬을 뿐이다. 그냥 중국은 그렇지, 라는 인식이었다.

1419년 정화의 대함대가 중동과 아프리카 여러 나라의 사신들을 데리고 명나라에 돌아온다. 그 많은 나라의 사신들이 모두 중국에 조공을 바치러 왔다. 명나라 입장에서 이 모든 나라가 다 자기 나라 속국이 되었다. 정화 대함대를 보낸

영락제는 그동안 어떤 중국 황제도 하지 못한 거대한 영토를 지배한 위대한 황제가 되었다. 하지만 이들 국가 중에서 정말로 중국 명나라의 속국이 되었다고 생각한 나라는 없다. 조공은 그냥 교역을 위한 절차일 뿐이다. 명나라에 감명하고 명나라의 신하국이 된 것은 아니다.

중국은 조공국을 정말로 자기의 신하 나라, 자기의 속국으로 생각했다. 하지만 조공국은 아니다. 그냥 교역 등을 위한 절차이고 방편일 뿐이다. 조공국 중에서 자기가 정말로 중국의 지배를 받는다거나, 중국에 속한 국가라는 인식을 한 나라는 거의 없다. 그런데 예외가 있다. 조공국 중에서 정말로 자기는 중국의 신하국이고, 중국에 소속된 국가라고 생각한 국가가 있다. 왕이 되는 데 정말로 중국의 책봉이 중요하고, 중국이 책봉하지 않으면 왕의 권위에 심각한 문제가 발생했던 국가가 있다. 세자를 세워도, 중국이 정식으로 세자 책봉을 하지 않으면 언제 세자 자리에서 쫓겨날지 몰라 불안해했던 나라가 있다. 이 나라는 중국과의 조공 관계를 단순한 절차나 의식으로 받아들이지 않았다. 중국을 상국으로 모셨다. 어떤 나라일까? 조선이다.

중국은 조공 관계를 진심으로 받아들였다. 조선도 조공 관계를 진심으로 받아들였다. 이러면 어떤 문제가 발생하나? 중국에 조공한 나라들이 정말로 중국 세력권이라고 생각한다. 동남아시아 국가들은 중국에 조공했다. 일본도 중국에 조공했다. 그러니 중국이 아시아의 진정한 패권국가였다고 생각한다. 중국에 조공을 하고 책봉을 받곤 했던 일본도 중국을 맹주로 인정하며 중국의 세력권이었다고 생각한다. 도요토미 히데요시가 건방지게 중국에 대들었지만 그건 예외였다고 생각한다. 일본이 근대 이후 청나라를 공격했지만, 그건 근대 이후의 상황이라고 생각한다. 기본적으로 한국이 중국 세력권이었던 것처럼, 일본도 중국 세력권이었던 것으로 본다. 한국이 중국에 대해 한 수 접고 생각하는 것처럼, 일본도 중국에 대해 한 수 접고 생각할 것으로 판단한다.

하지만 아니다. 일본은 중국 세력권이었던 적이 없다. 일본도 중국에 조공했기에, 중국은 일본을 속국으로 생각한 적이 있다. 반면에 일본은 자기가 중국 세력권에 포함된다고, 중국의 속국이라고 생각한 적이 한 번도 없다. 일본과 중국은 별개의 국가이고 별개의 세력이다. 동남아시아 국가들은 실제 중국의 세력권이었던 적이 있다. 하지만 일본은 아니다. 서구 제국이 중국에 삼궤구고두례를 하고 조공 관계를 맺어도 중국의 신하국이라고 생각한 적이 한 번도 없듯이, 일본도 그런 생각을 한 적이 없다.

정치학자 새뮤얼 헌팅턴은 앞으로 세계를 지배하는 것이 이념이 아니라 문명이라고 주장했다. 그리고 세계를 8개

문명권으로 나누었다. 서구 문명, 정교회 문명, 이슬람 문명, 힌두 문명, 유교를 토대로 한 중화 문명, 아프리카 문명, 라틴아메리카 문명, 일본 문명권이다. 중국이 아시아를 지배했다고 하지만, 중화 문명권에 속하는 것은 중국, 한국, 베트남, 그리고 동남아시아 화교공동체이다. 동남아시아는 중화 문명권에 들지 않는다. 무엇보다 일본도 중화 문명권에 들지 않는다. 전 세계를 8개 문화권으로 나누다보니 하나의 문화권마다 굉장히 넓다. 그런데 일본은 오로지 한 나라이면서 하나의 문화권을 형성한다. 일본을 다른 문화권에 묶으려면 중화 문명권에 넣을 수밖에 없는데, 일본은 한 번도 중국의 세력권에 속한 적이 없다. 어쩔 수 없이 일본은 따로 별도의 문화권으로 할 수밖에 없었다. 일본을 중국의 세력권, 중국 문명권에 넣는 것은 너무나 분명한 오류로 보였기 때문이다.

한국은 과거 오랫동안 중국의 조공국이고 속국처럼 지냈다. 진심으로 중국을 상국으로 생각하고 모셨다. 그래서 중국의 조공국들, 다른 아시아 국가도 중국을 이렇게 생각했던 것으로 여기는 경향이 있다. 한국의 사대주의는 생각보다 깊게 우리 마음속에 뿌리내리고 있다.

우리는 중국이 계속 발전하면 과거처럼 중국이 아시아 맹주국이 될 수 있다고 생각한다. 아시아 주변 국가들도 중국을 맹주국으로 인정할 수 있을 것으로 생각한다. 하지만 중국이 아시아 맹주국이었다고 생각하는 건 중국, 한국, 하나 더 하면 베트남 정도이다. 특히 일본이 중국을 맹주국으로 인정할 가능성은 전무하다. 일본은 중국과 싸우면 싸웠지, 중국의 세력권에 들어갈 생각은 꿈에도 없다.

중국이 바라보는 일본

한국 사람들은 일본을 싫어한다. 한국이 일본을 싫어하는 이유는 분명하다. 한국은 역사적으로 일본에 워낙 많이 당했다. 고려 말 일본 왜구에 의한 침략은 한국 사람들이 잘 모른다. 역사교과서에 잠깐 언급되는 정도이다. 하지만 임진왜란은 조선 역사에서 아주 큰 비중을 차지한다. 조선 역사를 구분하는 큰 기준점이 임진왜란일 정도다. 조선 역사를 구분할 때는 보통 임진왜란 전과 후로 구분한다. 그런데 이렇게 한국에서는 비중이 큰 임진왜란이 일본에서는 아무런 비중도 차지하지 못한다. 일본 역사에서 임진왜란은 큰 의미가 없다. 단지 도요토미 히데요시가 권력을 잃는 데 큰 역할을 한 원정이라는 정도다. 심지어 어떤 역사책에서는 임진왜란에 관한 서술이 아예 빠지기도 한다. 맞은 사람만 기억하고, 때린 사람은 기억을 못하는 형국이다.

일본의 식민지 경험 역시 한국이 일본을 싫어할 수밖에

없는 이유이다. 한국은 고려와 조선 당시 중국의 조공국이라고 해도 자주권을 잃은 적은 없었다. 한국은 어디까지나 한국인이 통치했지, 외국인이 직접 지배한 적은 없었다. 한국이 가장 강하게 외세에 종속된 시기는 원나라가 지배할 때였는데, 그래도 최고지도자는 고려 왕이었다. 외국이 한국을 직접 지배지로 종속시키고 외국인이 한국을 다스린 것은 일제 식민지 시기가 최초였다.

한국의 일본에 대한 태도는 이렇다 치고, 중국은 일본에 대해 어떤 감정을 품고 있을까? 중국도 마찬가지이다. 한국이 일본에 의해 큰 모욕을 받은 것처럼, 중국도 일본에 의해 큰 굴욕을 겪었다. 일본에 의한 중국의 상처는 한국보다 크면 컸지, 절대 작지 않다.

근대화되면서 중국이 경험한 첫 번째 패배는 아편전쟁이다. 그 후 애로호 사건이 발파선이 된 2차아편전쟁에서도 영불 연합군에 패했다. 그런데 이 전쟁은 서구 국가와의 전쟁이었다. 근대 이후 중국은 세계 최강국을 지향하지는 않았다. 아시아의 맹주, 아시아 중에서도 동아시아의 맹주를 지향했다. 서구 국가에 패하긴 했지만 그렇다고 동아시아의 맹주 자리가 흔들린 것은 아니다. 여전히 중국은 아시아 최강국이었고, 아시아를 대표하는 나라였다. 주변 국가들은 여전히 중국을 존중했다.

아시아 최강국으로서의 위치를 빼앗긴 계기는 청일전쟁이었다. 청일전쟁에서의 패배는 아편전쟁, 즉 영불전쟁에서의 패배와는 전혀 다르다. 청일전쟁은 같은 아시아 국가 사이에서의 전쟁이고, 아시아의 맹주가 누구냐를 걸고 싸운 것이었다.

아편전쟁은 라이벌끼리의 전쟁은 아니었다. 하지만 청일전쟁은 라이벌 사이의 전쟁이었다. 별 상관없는 상대하고 싸워서 지는 것과, 라이벌과의 패권 싸움에서 지는 것은 그 효과가 완전히 다르다. 라이벌과의 싸움에서 지면 자기가 가진 모든 지위와 위신을 상대에게 빼앗긴다. 청일전쟁에서의 패배는 그런 효과를 가져왔다. 이때까지 아시아의 주도국은 청나라였다. 아편전쟁에서 지긴 했지만 여전히 아시아 국가의 벤치마킹 대상이었다. 하지만 일본에 지면서 청나라의 위상은 아시아의 이류국가가 되었다. 이제 아시아 국가가 지향하는 국가는 일본이 되었고, 벤치마킹 대상도 일본으로 급선회한다.

한국은 일본을 싫어하기 때문에 청일전쟁이 아시아 역사에서 어떤 의미를 가지는지는 잘 이야기하지 않는다. 단지 한국 국내 정세와 관련해서만 청일전쟁을 말한다. 하지만 청일전쟁은 단순히 한국의 운명에만 영향을 준 전쟁이 아니다. 청일전쟁에서 드러난 일본의 압도적 승리는 아시아 전역에서 지각변동을 일으킨 대사건이었다. 일본은 청일전쟁의 승리로 아시아에서 크게 부각되었고, 중국은 사실 청일전쟁에서의 대패 이후로 국가가 패망하는 길에 들어선다. 일본은 중국의 원수였다.

1900년대 청나라가 무너지고 군벌시대로 접어든다. 그런데 이 군벌시대에 가장 큰 영향을 미친 요소가 일본이다. 당시 중국 최고 군벌은 위안스카이였다. 위안스카이는 일본의 28개조 요구를 받아들였다가 중국 국민에게 크게 비판을 받고 황제 자리를 포기한다. 위안스카이가 화병으로 사망하면서 중국은 군벌시대로 접어든다. 중국이 군벌시대, 내란시대로 접어드는 시대적 변화에 일본은 큰 영향을 미쳤다.

이후 만주 지역 최고 군벌 장쮀린은 일본군에 의해 사망하고, 그 아들 장쉐량도 일본군에 의해 만주에서 쫓겨나 중국 대륙을 표류한다. 중국 공산당과 국민당 장제스 사이의 2차 국공합작은 이 만주 군벌 장쉐량에 의해 이루어진다. 일본군을 물리치고 만주 지역으로 돌아가고자 하던 그는 장제스를 감금했다. 그리고 공산당과의 싸움을 멈추고 일본 공격에 몰두할 것을 요구했다. 2차국공합작은 공산당이 국민당에게 더 이상 공격받지 않고 공산당으로서 자립할 수 있게 한 중요한 사건이다. 중국 현대사에서 가장 중요한 사건 중 하나인 2차 국공합작은 처음부터 끝까지 일본이라는 외부 요인 때문에 발생한 것이다.

중일전쟁 당시 일본은 중국의 주요 지역을 대부분 점령한다. 중국은 아편전쟁 등 서구와의 전쟁에서 영국, 프랑스 등에 지기는 했지만, 그렇다고 중국 왕조가 망했다거나 그 나라들에 짓밟힌 것은 아니다. 중국을 정말로 유린한 것은 일본이었다. 반외세·반제국주의 농민운동이었던 의화단의 난 때 서구 연합군에게 공격당했지만, 사실 이때 서구 연합군의 주력은 일본군이었다. 중국은 일본군에 유린당한 것이다.

1800년대 말부터 중국은 서구 국가들에 침략당했다. 하지만 실제로 그 내용의 대부분은 일본에 의한 것이다. 중국 땅을 가장 많이 점령한 것도 일본군이고, 중국인을 가장 많이 학살한 것도 일본이다. 중국을 패망시키려 한 것도 일본이다. 다른 서구 국가들은 중국을 망하게 하려고는 하지 않았다. 단지 자신들의 세력권으로 만들어 무역하고자 했다. 하지만 일본은 아니다. 일본은 중국을 지배하고 자신의 땅으로 만들려고 했다.

중국은 전통적으로 일본을 섬나라라고 무시했다. 일본을 제대로 지배한 적은 없지만, 그렇다고 일본을 중요하게 생각하거나 두려워한 것은 아니다. 중국에서 일본은 어디까지나 먼 동쪽의 조그만 섬나라다. 그런 일본에 중국은 완전히 농락당한다.

이렇게 일본이 중국을 무너뜨리는 중에 일본군을 물리치려고 싸운 세력이 공산당이다. 실제 공산당이 일본군과 싸워 물리쳤느냐는 별개로 하고, 중국 공산당이 중국 인민의 지지를 받게 된 것은 공산당이 일본군과 적극적으로 싸웠다는 이미지 때문이다. 1945년 8월 일본이 패망해서 중국에서 물러날 때까지, 중국 현대사는 국민당, 공산당, 그리고 일본, 이렇게 세 주체의 역학관계에 의해서 성립한다. 중국 현대사는 일본을 빼놓고는 성립하지 않는다.

이런 역사적 배경하에서 중국은 일본을 적으로 본다. 중국에서는 여전히 반일 시위가 벌어진다. 정부가 반일 견해를 보이기만 하면 반일운동은 금방 불붙는다. 중국 인민은 일본과 관련해서는 바짝 마른 낙엽과 같다. 기회만 주어지면 활활 불타오른다.

동남아시아 국가도 일본의 지배를 받았지만, 이들 국가는 반일 감정이 이 정도로 강하지는 않다. 일단 이들에게 일본은 오랜 서구 식민지에서 해방시켜준 국가이다. 일본의 지배가 문제가 있어 반감이 커졌지만, 그 기간은 길어야 4년 정도였다. 한국과 중국이 생각하는 일본과 동남아시아가 생각하는 일본은 그 감정의 깊이 측면에서 차이가 있을 수밖에 없다. 그래서 일본의 교과서 문제 등에서 목소리를 높이는 것은 주로 한국과 중국이다. 일본의 군국주의화에 대해 가장 반대의 목소리를 높이는 것도 한국과 중국이다.

중국에게 일본은 숙적이다. 동양의 맹주 자리를 뺏고, 그 자리를 꿰찼던 라이벌이다. 그리고 과거의 원수이기도 하다. 중국은 일본과 그냥 사이좋게 지낼 수는 없는 관계이다. 일본에 대해 무덤덤하게 되기까지는 정말 오랜 시간이 필요할 것이다.

일본은 미국 편인가, 중국 편인가

미국과 중국 사이에 분쟁이 발생하면, 일본은 미국 편일까, 중국 편일까? 아니면 미중 갈등에 별 상관하지 않고 중립을 지킬까?

지금 일본은 미국의 동맹국이다. 국제무대에서 항상 미국과 같은 목소리를 낸다. 미국의 의견만 따르고 일본 자체의 주장이 워낙 없기 때문에 이에 대한 비판이 있기도 하다. 경제적으로 일본 정도의 위상을 가진 나라라면 당연히 독자적 의견이 있어야 하는데 미국 주장만 되풀이한다는 비판이다. 이 정도로 일본이 미국을 따르면 일본은 당연히 미국 편이 아닐까?

일본이 현재 국제무대에서 일방적으로 미국을 지지하는 것은 맞지만, 그렇다고 일본을 무조건 미국 편으로 볼 수는 없다. 사실 일본 입장에서 미국은 우방국일 수 없다. 예를 들어, 한국은 한국의 문을 강제로 열게 하고 국권 상실의 첫걸

음이 된 강화도조약을 비판한다. 그러기에 일본은 무지한 한국을 개방하게 해준 고마운 나라가 아니다. 아직 세계 문명이 익숙하지 않은 한국을 농락한 침략국일 뿐이다. 중국은 중국의 문을 강제로 개방한 아편전쟁과 난징조약을 비판한다. 영국은 그동안 잠자던 중국을 깨워준 고마운 나라가 아니다. 중국 굴욕의 역사가 이때부터 시작되었다고 중국은 생각한다.

일본의 문호 개방도 한국이나 중국과 마찬가지로 강제적 과정이었다. 일본이 근대화에 성공했다고 하지만, 일본도 스스로 근대 체제에 들어가지 않았다. 미국의 페리호에 의해서 강제로 개항해야 했다. 일본이 개항한 가장 주된 이유는 미국의 무력 때문이었다. 당시 페리호는 일본이 개항하지 않으면 전쟁을 하기 위해 준비하고 왔다. 당시 일본의 군사력으로는 미국의 전함에 맞설 수 없었고, 싸우면 분명히 진다는 것을 알았다. 무력 위협과 관계없이 개방을 주장한 사람들도 있기는 했지만, 전쟁에서 이길 수 없다는 것이 문호를 개방하게 된 가장 큰 이유였다. 일본의 문호 개방은 굴욕적이었다. 즉, 일본을 문명으로 이끌어준 고마운 미국이라는 개념은 존재할 수 없다.

우리는 미국과 일본 간의 태평양전쟁을 일본의 침략전쟁으로 보지만, 일본은 기본적으로 태평양전쟁을 자위전쟁으로 본다. 한반도 침입, 만주국 건립, 중일전쟁 등은 일본의 침략전쟁이라는 것을 인정하더라도, 만주와 조선 지배권을 둘러싸고 벌어진 러일전쟁, 태평양전쟁만은 일본이 원한 것이 아니라 상대국에 의해 끌려들어간 전쟁으로 보는 인식이 강하다. 러일전쟁 당시 러시아는 극동아시아에서 패권국의 지위를 노렸다. 가만히 있으면 러시아가 한반도를 집어삼키고 일본도 침략했을 것이다. 러시아의 남하를 막기 위해 어쩔 수 없이 싸워야 했던 전쟁이라는 인식이다.

태평양전쟁은 겉으로는 분명 일본이 미국 하와이 진주만을 기습해서 일어났다. 하지만 1941년 초 미국은 일본에 석유금수 조치를 단행했다. 석유가 없으면 일본은 말라 죽을 수밖에 없었다. 한번 꿈틀하고 망하느냐, 그냥 망하느냐의 선택지만 있을 뿐이다. 일본이 항복을 선언하지 않는 한, 미국과 일본 사이에 전쟁이 일어난다는 것은 사실 1941년 석유금수 조치로 분명해졌다. 석유금수 조치는 일본이 인도차이나를 점령해서 이루어진 것이기는 하지만, 일본이 인도차이나를 점령한 것은 미국이 이 지역을 통해 계속해서 중국을 지원했기 때문이다. 애초에 미국이 중국을 지원하지 않았으면 중일전쟁도 예전에 마무리되었다. 미국이 계속 무기를 제공하는 등 중국을 지원해서 인도차이나를 공격하게 된 것이다.

석유금수 조치 이후 미국은 일본이 선제 공격하도록 계속 유도하는 정책을 폈다. 스스로 전쟁을 일으킨 것이 아니라, 침략을 받아 전쟁에 참여했다는 명분을 위해서였다. 당시 유럽은 히틀러가 유럽 대륙을 점령한 상태로 진군 중이었고, 영국만이 히틀러에게 대항하고 있었다.

루스벨트 미국 대통령은 영국을 도와 유럽에서 벌어지는 2차세계대전에 참전하고자 했다. 그러나 미국 여론은 다른 나라의 전쟁에 참여하는 것에 반대했다. 미국은 단지 영국, 프랑스 등에 원조만 할 수 있었다. 이때 일본이 미국을 공격하면 자연스레 미국도 참전할 수 있다. 실제로 일본이 진주만 기습을 하자, 미국의 여론은 참전으로 바뀐다. 미국은 바로 선전포고를 하고 2차세계대전에 참전한다. 그런데 일본에 기습당했는데, 미군 주력 군대가 보내진 곳은 유럽 전장이었다. 그리고 미국이 원래 싸우고 싶어 한 곳은 유럽이었다.

이런 과정 때문에 일본은 다른 것은 몰라도 태평양전쟁만은 일본의 침략이 아니라, 미국의 유도로 이루어진 전쟁으로 본다. 일본으로서는 처음부터 끝까지 미국에 완전히 당한 것이다.

1945년 이후 일본은 미국 편이라는 노선을 취하지만, 일본 입장에서 미국은 점령국이었다. 점령국의 지시를 받고, 점령국의 비위를 거스르지 않는 것은 당연하다. 한국이 선비 사회라면 일본은 사무라이 사회이다. 선비는 자기보다 힘이 센 대상에게도 비판하고 욕하고 한다. 그래도 죽지는 않는다. 하지만 사무라이 사회는 아니다. 자기보다 센 상대에게 대들면 바로 목이 베인다. 사무라이 사회에서는 자기보다 센 강자에게 절대복종해야만 한다. 사무라이 사회는 자기 의지, 선호보다는 무력이 우선이기 때문이다.

현재 일본이 미국의 의지에 절대적으로 따르는 것은 미국을 진정으로 존중하고 동의하기 때문이라고 보기는 어렵다. 일본 입장에서 미국은 역사상 처음으로 일본을 패배시킨 외국이고, 일본을 점령한 외국이다. 좋아할 수가 없는 구도이다. 미국이 일본보다 강자인 한, 일본은 미국을 따를 것이다. 일본이 무력으로 미국을 충분히 이길 수 있다고 여길 때까지, 일본은 계속 절대적인 미국 편이라고 보아야 한다.

일본이 미국을 버리고 중국 편이 될 가능성이 있기는 하다. 중국이 일본과 같이 미국을 물리친 후, 일본에 대해서는 야욕을 가지지 않는 경우이다. 일본이 무력으로 미국을 이기고 진정한 자립을 얻을 수 있다면 일본은 분명 그 길을 가려할 것이다. 일본이 미국을 버리고 중국과 손을 잡으면 동지나해, 남지나해, 서태평양에서 미국의 패권이 위협을 받는다. 미국은 일본에서는 손을 뗄 수 있다. 하지만 동지나해, 남지나해, 서태평양에서 손을 뗄 수는 없다. 전 세계의 바다를 지배한다는 것은 미국의 최우선 전략이다. 그런데 일본은 서태평양 바다에서 절대적 위치에 있다. 바다를 계속 지배하기 위해서, 미국은 일본이 자기 손에서 벗어나는 것을 인정할 수 없다. 일본이 미국을 떠난다고 하면 미국은 어떻게 해서든 일본을 잡으려 할 것이다. 무력을 동원해서라도 일본이 미국을 버리고 중국 편에 서면 분명히 전쟁이 발생할 가능성이 크다.

일본 입장에서, 중국과 일본이 힘을 합쳤을 때 미국을 이길 수 있다면 중국과 같이 미국에 대항할 수 있다. 하지만 다른 것은 몰라도 미국의 해군력만은 월등하다. 중일 연합해군이라고 해도 아직은 미국 해군에 대적할 수 없다. 그보다 더 중요한 것은 미국을 물리친 후, 중국이 어떻게 나올까의 전망이다. 중국은 일본을 내버려둘까, 아니면 일본을 복종시키고 자기 세력권으로 만들려 할까? 이에 대한 답은 분명하다. 중국은 아시아의 모든 국가가 중국을 상전으로 모시기를 바란다. 중국과 대등한 일본이라는 개념 자체를 거부한다. 또 중국 입장에서 일본은 자신을 가장 많이 괴롭힌 국가이다. 중국은 일본에 보복을 바라지, 자신과 대등한 일본은 바라지 않는다. 그리고 일본 입장에서는 중국에 항복하는 일본은 상상도 할 수 없다. 미국에 항복하는 것은 상상할 수 있어도, 중국에 항복하는 것은 상상할 수 없다.

일본이 진정 원하는 것은 미국의 그늘에서 벗어나 진정한 자립국이 되는 것이라고 보아야 한다. 그것이 가능할 때까지는 계속 미국의 그늘에 있으려 할 것이다. 일본 입장에서 미국을 버리고 중국 편이 되는 것은 가능한 선택이 아니다. 미국과 중국 간 분쟁이 발생한다면 일본의 입장은 분명하다. 미국 편이다. 한국은 중국 편이 될까, 미국 편이 될까 갈등하는 목소리가 있지만, 일본은 그런 갈등이 전혀 없다. 일본이 중국 편이 되는 경우는 없다. 미중 갈등은 단순히 미중 갈등 관계에 그치지 않는다. 미일과 중국 갈등이라고 파악하는 것이 더 정확하다.

5장

한미동맹의
진정한 의미

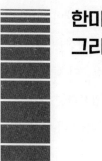

한미동맹
그리고 한국

한미동맹은 1953년에 한미상호방위조약을 기초로 하여 체결되었다. 한미동맹은 한국에 어떤 이익을 주었을까? 크게 세 가지 의의를 생각할 수 있다.

첫째, 한미동맹의 가장 큰 목적은 북한이 한국을 더 이상 침략하지 못하도록 하는 것이다. 1950년 북한은 한국을 무력통일하기 위해 쳐들어왔다. 1950년 초, 미국은 아시아에서 미국이 반드시 지켜야 하는 극동방위선을 발표한다. 소위 애치슨 라인이다. 일본과 필리핀은 애치슨 라인 안에 있고, 한국, 타이완, 인도차이나반도는 애치슨 라인 밖이었다. 한국은 미국이 지켜야 하는 방위선에 포함되지 않는다는 선언이었다.

북한은 한국이 미국의 방어선이 아니니, 한국을 공격하더라도 미국이 개입하지 않을 것이라고 생각했다. 1990년 걸프전쟁에서 이라크가 미국이 개입하지 않을 것이라 생각해서 쿠웨이트에 침공한 것과 마찬가지였다. 전쟁이 벌어지면 반드시 미국이 개입한다는 것을 알았다면 북한은 침공하지 않았을 것이다. 한미동맹이 맺어지면, 북한군이 한국을 공격할 때 반드시 미국이 개입한다. 미국이 개입한다는 사실을 알고 전쟁을 시작할 수는 없다. 한미동맹을 하면 더 이상 한국은 북한의 남침을 걱정할 필요가 없다.

전쟁 위협이 높으면 국가의 모든 힘은 국방에 들어간다. 경제가 중요하다 어떻다 해도 국방 안보보다는 하위이다. 한국은 전쟁이 일어났던 국가이고, 따라서 예산에서 국방비가 차지하는 비중이 상당하다. 1960년대 한국 국방비는 GDP에서 두 자릿수 비율이었고, 1980년만 해도 국방비가 한국 GDP의 6% 정도였다. 2020년의 경우, 한국 국방비는 GDP의 2.5% 정도인데, 이것도 세계 기준으로는 높은 편이다. 계속 전쟁을 벌이는 미국이 3.1%, 주변국으로부터 항상 노림을 받는 이스라엘이 5.1% 정도이고 중국은 1.3%, 일본은 0.9% 정도이다. 정부 예산에서 볼 때, 국방비는 안보에는 도움이 되지만 실제 국민의 삶에는 큰 도움이 되지 않는 대표적 지출이다. 국방비가 낮아지면 도로나 기반시설 등 사회간접자본을 마련하고 복지 지출을 할 수 있는 돈이 증가한다.

한국은 한미동맹 때문에 국방비 지출이 상당히 줄어들었고, 이 돈을 경제개발 등에 사용할 수 있었다. 한미동맹이 없었다면 한국 실정에서는 대부분의 예산을 국방비로 돌렸어야 했다. 경제개발을 할 돈은 없었다. 한미동맹이 아니었다면 1960년대, 1970년대 경제발전은 한계가 있었다.

둘째, 한미동맹은 한국 경제의 세계진출에도 큰 역할을 한다. 한미동맹은 군사동맹이다. 하지만 군사 부문에서 끝나는 것은 아니다. 군사 부문에서 동맹을 맺으면 경제, 문화 등 다른 부문에서도 자연스럽게 동맹 관계가 형성된다. 경제협정을 맺으면서 군사동맹이 아닌 경우는 많다. 하지만 군사동맹이면서 경제적으로 서로 분리되는 경우는 없다.

한국은 1960년대 이후 수출 주도형 경제를 부르짖으며 세계시장에 진출했다. 그런데 당시 세계정세에서는 물건만 잘 만든다고 세계시장에 진출할 수 있는 것이 아니었다. 세계는 미국 주도의 자유주의 진영, 소련 주도의 공산주의 진영, 그리고 어디에도 속하지 않은 제3진영으로 나뉘어 있었다. 자유주의 진영은 자유주의 진영끼리 거래했고, 공산주의 진영은 공산주의 진영끼리 거래했다. 무역은 아무하고나 하는 것이 아니다. 제 편끼리 하는 것이다. 지금 세계 모든 국가와 마음대로 거래할 수 있는 것은, 1990년대 소비에트 진영이 무너지면서 전 세계가 다 미국의 진영화가 되었기 때문이다. 지금도 미국과 대적하고 있는 이란, 북한 등은 다른 나라와의 거래가 극도로 제한되어 있다.

2001년 중국이 세계무역기구WTO에 가입한 것 역시 이런 측면에서 주요한 시대 구분에 들어간다. WTO에 들어갔기 때문에 현재의 중국 발전이 가능했다고 본다. 그런데 중국이 WTO에 소속된 것은 미국이 허용했기 때문이다. WTO가 국제기구라고 해서 중국이 WTO에 마음대로 가입할 수 있는 것이 아니다. 당시 미국 부시 대통령이 중국의 가입을 받아들였기 때문이다.

한국은 1967년 관세및무역에관한일반협정GATT에 가입한다. WTO의 전신이다. 한국이 아무 문제 없이 GATT에 들어갈 수 있었던 것도 한국이 미국 편이었기 때문이다. 미국과 적대적이거나 아무 상관없는 국가는 이 당시 GATT에 가입할 수 없었다. GATT는 미국 편 국가의 무역 네트워크였기 때문이다. 중국이 WTO에 가입하는 것을 계기로 전 세계 모든 시장에 자유롭게 접근할 수 있게 되었듯이, 한국도 GATT에 가입하면서 미국 편의 모든 국가와 자유롭게 무역할 수 있게 된다. 당시 소비에트 네트워크는 동유럽, 아프리카 등 잘살지 못하는 국가의 네트워크였다. 반면 미국 네트워크는 캐나다, 서유럽 등 잘사는 국가의 네트워크였다. 한국은 이들 돈 많은 국가를 대상으로 무역할 수 있었고, 그래서 무역강국으로 나아갈 기반을 얻게 된다. 한미동맹으로 인해서 세계 경제 네트워크에 쉽게 접근할 수 있었던 것이다.

셋째, 한국이 국제무대에서 활동할 수 있던 것도 한미동맹의 영향이 크다. 국제무대는 어느 한 국가가 독자적으로 활동하는 곳이 아니다. 패거리를 이루어 움직여야 하는 곳이다. 자기 편 만들기가 중요한 것이 국제외교 활동이다. 한국은 자기 편 만들기를 위해서 따로 노력할 필요가 없었다. 미국 네트워크 국가가 모두 자연스럽게 한국 편이 되었다. 지금 우리는 같은 유럽 국가라 해도 영국, 프랑스, 독일, 이탈리아 등을 헝가리, 체코, 폴란드 등보다 더 익숙하게 생각하며 친밀감을 가진다. 이런 우리의 인식은 그냥 만들어진 것이 아니다. 미국 친화적인 영국, 프랑스, 독일 등에 대해 한국은 같은 편이라는 인식을 가지고 있는 것이다. 체코, 헝가리, 폴란드 등에 대해서는 상대적으로 거리감이 있다. 과거에 미국 진영이 아니라 소련 진영이었던 국가들이다.

한국이 유엔 사무총장 반기문을 배출했다고 하지만, 한국의 힘만으로 유엔 사무총장을 배출할 수는 없다. 유엔 사무총장은 개인이 똑똑하다고, 그 나라가 훌륭하다고 되는 것이 아니다. 국제적인 지지자들이 있어야 하고, 친미 진영이 절대적인 지지를 보내면서 표를 확보할 수 있다.

앞에서도 언급했지만, 한미동맹이 군사동맹이라고 해서 군사적인 측면에서만 고려하면 곤란하다. 한미동맹을 바탕으로 경제, 문화, 국제외교 등 모든 측면에서 영향을 받는다.

그래서 한미동맹 폐기를 군사동맹만 그만두는 것으로 생각해서는 곤란하다. 군사동맹은 그만두지만, 그 이외의 다른 것들은 지금 이대로 이어질 것으로 생각하면 안 된다. 세계 다른 나라와의 관계도 기존처럼 계속 유지될 것이라고 생각하는 것은 오류일 수 있다.

지금 경제관계, 국제관계 등은 순수하게 한국의 힘으로 얻게 된 것이 있는 반면, 미국의 동맹국으로서, 미국과 같은 편이기 때문에 얻게 된 것이 있다. 한미동맹에서 벗어나면, 미국의 동맹국으로서 누릴 수 있던 것도 모두 같이 잃게 된다. 순수하게 한국의 힘으로 얻은 것만 그대로 남게 된다. 그런데 한국 스스로의 힘으로 얻은 것은 무엇이 있을까?

우리는 지금 한미동맹 체제에서 70년을 살아왔다. 무엇이 미국 동맹국으로서 얻은 것이고, 무엇이 한국 자체의 힘으로 얻은 것인지 제대로 구별하지 못한다. 처음부터 자연스럽게 존재한 것으로 생각한다.

하지만 한미동맹에서 벗어날 것을 생각한다면, 먼저 한미동맹으로 인해 한국이 누린 것이 무엇인지를 정확히 파악해야 한다. 그리고 한미동맹에 포함되어서 누린 것은 한미동맹 폐기와 함께 사라지는 것으로 봐야 한다. 한미동맹으로 인해 당연하게 생각해왔지만 사실 당연한 것이 아닌 것, 그런 것이 같이 사라진다. 당장 지금 우리가 누리는 경제적인 측면, 국제적 위상, 그중에서 많은 것이 같이 사라진다고 보아야 한다. 그런 관점에서 한미동맹을 바라보아야 나중에 예상치 못한 공격을 받지 않는다.

미국이 북한을
폭격하지 않는 이유

북한은 미국에는 소위 '악의 축' 가운데 하나이다. 악의 축은 2002년 미국 부시 대통령이 미국에 악영향을 미치는 국가들을 제시할 때 사용한 표현이다. 당시 부시가 악의 축으로 명시한 국가는 이라크, 이란, 북한이다. 악의 축 국가는 미국의 주요한 적대국가이며, 언제 미국이 공격을 하더라도 이상하지 않은 나라들이다. 실제로 미국은 2003년 이라크전쟁을 일으켰고, 후세인정권을 무너뜨렸다. 현재에도 악의 축 국가인 이란에 대해 계속 경제봉쇄 조치를 하고 있고, 북한에 대해서도 마찬가지이다.

북한이 미국에 악의 축이 된 이유는 간단하다. 북한이 핵무기를 개발하기 때문이다. 핵확산방지조약NPT을 위반하면서 핵무기를 개발하는 북한은 미국에 악의 축이 될 수밖에 없었다. 2002년 미국에 악의 축이었던 북한은 지금도 여전히 미국의 골칫거리이다. 2002년 당시 북한은 핵무기를 개발할 뿐, 아직 핵무기를 보유하지는 못했다. 하지만 지금 북한은 핵 실험에 몇 차례나 성공한 핵보유국이 되었다.

사실 미국 입장에서 보았을 때 북한이 핵무기 개발에 성공한 것은 전략상 엄청난 실패이다. 미국은 보통 이런 단계에 이르기 전에 군사적으로 개입해서 문제를 해결한다. 군사적으로 해결한다고 해서 군대를 파견해서 전쟁까지 할 필요는 없다. 보통은 공중폭격으로 문제가 해결된다. 무기를 만드는 공장과 기반시설을 폭격해서 상대 국가를 무력화시킨다.

미국은 그동안 적대국가에 대해 무수히 폭격을 해왔다. 이라크, 이란, 리비아 등 적대국가에 대한 폭격은 몇 년 간격으로 계속 이어졌다. 이렇게 다른 나라들에 대해서는 폭격으로 미국의 의지를 관철해왔지만, 북한에 대해서만은 폭격을 하지 않고 있다.

북한에 폭격하려 하지 않았던 것은 아니다. 1994년 미국은 북한에 대한 폭격을 본격적으로 준비한 바 있다. 2002년에도 북한 폭격을 준비했고, 2005년 당시 미 도널드 럼즈펠드 국방장관은 북한에 대한 공격 계획을 승인했다. 미국 대통령이 바뀔 때마다 북한 폭격 시나리오가 검토되고 있고, 2017년 트럼프 대통령 시기에도 북한에 대한 폭격이 검토되었다.

북한은 계속 핵무기를 개발하고 있고, 미국은 이런 북한에 대해 폭격할 충분한 이유와 능력을 갖추고 있다. 다른 나라였다면 벌써 폭격에 들어갔다. 미국이 북한을 폭격하지 않는 이유는 무엇일까?

북한을 폭격하면 북한이 미국에 반격할 것이라서? 북한의 미국에 대한 반격은 문제가 되지 않는다. 북한은 미국에 대해 공격할 능력이 없다. 태평양의 미국 함대를 공격할 능력도 없고, 미국 본토를 공격할 미사일도 없다. 설사 미사일이 있다고 하더라도, 미국은 그 미사일을 무력화할 충분한 기술을 보유하고 있다. 북한은 미국에 타격을 주지 못한다.

북한의 동맹국인 중국이 보복공격할 가능성이 있어서? 중국은 북한을 미국으로부터 보호할 적극적인 이해관계가 있다. 하지만 중국이 막고자 하는 것은 미군이 북한 땅에 들어오는 것이다. 하늘에서 폭격만 하는 것이라면 중국의 이익에 별 상관이 없다. 중국이 개입하는 것은 정식으로 전쟁이 발발할 때이다. 전쟁할 생각 없이 하늘에서 폭격하는 것만으로는 동맹으로서 지켜야 할 의무가 발생하지도 않는다.

미국이 북한을 폭격하지 않는 가장 큰 이유는 한국의 피해 때문이다. 북한의 핵무기 시설 등을 폭격하면 북한은 반드시 보복공격을 할 것이다. 미국에 대해 보복공격할 능력은 안되고, 대신 한국에 대포와 미사일을 떨어뜨릴 것이다.

북한이 한국에 대해 미사일을 쏘더라도 무력화시킬 수

있다. 미사일이 발사되기 전에 미사일 발사대를 폭격한다거나, 패트리어트 미사일로 북한의 미사일을 도중에 폭파하는 방법이 있다. 패트리어트는 한국형 미사일방어체계KAMD의 핵심 무기체계로, 최근 증가하는 탄도탄 위협에 대응한다. 그런데 도무지 어떻게 할 수 없는 것이 있다. 대포를 쏘는 경우이다. 휴전선 부근에 북한은 300여 문의 장사정포長射程砲를 배치하고 있다. 장사정포에 대해 폭격한다 해도, 단시간에 이 모든 장사정포를 무력화할 수는 없다. 북한 장사정포의 사정거리는 서울 북부까지 도달한다. 장사정포가 전면 폭격에 나서면 수천 발의 포탄이 서울 북부에 떨어질 것이고, 막대한 피해가 발생한다. 한국이 미국의 북한 폭격에 절대적으로 반대하는 이유인 동시에, 미국이 북한 폭격을 하지 않는 이유이다.

그런데 여기서 한 가지 짚고 넘어가야 할 것이 있다. 정말로 미국은 한국의 피해를 걱정해서 북한을 폭격하지 않는 것일까? 한국인의 인명 피해, 재산 피해를 막는 것이 정말로 미국의 목적일까? 미국이 인명 피해를 극도로 피하는 것은 맞다. 하지만 어디까지나 미국인의 인명 피해일 뿐이다. 미국이 다른 나라의 인명 피해, 재산 피해를 두려워해서 전략적인 의사결정을 하지 않은 적이 있었나? 정말로 미국이 인명 피해를 싫어했다면, 그동안 미국은 다른 나라와 전쟁을 벌이지도 않았을 것이고, 폭격도 하지 않았을 것이다. 하지만 미국은 전 세계에서 계속해서 전쟁과 폭력을 수행하는 중이다.

미국이 한국인의 인명을 소중히 하는 착한 나라이기 때문에 북한을 폭격하지 않는다는 것은 말이 안 된다. '미국이 착해서', '한국은 소중해서'라는 발상으로 접근하면 곤란하다. 미국이 북한을 폭격하지 않는 것은 한국인의 희생을 막기 위해서가 아니다. 바로 한국이 동맹국이기 때문이다. '한국의 반대에도 불구하고 한국인을 희생시키며 미국의 목적을 달성한다'라는 비판이 무서운 것이 아니다. '동맹국의 반대에도 불구하고 동맹국을 희생시키며 미국의 목적을 달성한다'라는 비난의 후폭풍이 문제이다.

미국은 전 세계에 48개 동맹국이 있다. 이들은 미국이 자기 나라를 지켜주고 자기 나라를 희생시키지 않을 것이라는 믿음으로 국제사회에서 전면적으로 미국 편을 들고 있다. 아직 미국은 동맹국의 이런 믿음을 배반하지 않았다. 그런데 수십만 명의 한국인이 분명히 사망할 수 있다는 것을 알면서도 북한을 공격한다면, 동맹국을 희생시키며 적을 공격하는 것이 된다. 미국이 자기 목적을 위해서 동맹국을 얼마든지 희생시킬 수 있다는 인식이 생기면 미국에 대한 동맹국의 신뢰에 치명적인 영향을 미친다. 미국은 북한의 핵무기를 막는 것보다 이런 동맹국의 신뢰를 유지하는 것이 더 중요하다.

즉, 미국이 북한을 폭격하지 않는 주요 이유는 '한국인의 인명을 보호하기 위해서'가 아니다. 정확히는 '동맹국의 인명을 보호하기 위해서'이다. 이 관계를 오해하면 곤란하다. 강조하지만 현재 미국이 북한을 폭격하지 않는 것은 한국이 동맹국이기 때문이다. 한국이 동맹국이 아니라면, 북한 폭격으로 한국인 몇십만 명이 죽거나 말거나 미국 측에는 별 상관없는 이야기이다. 미국은 베트남전쟁에서 유리한 위치를 고수하기 위해 아무 상관없는 옆 나라 라오스에도 엄청난 폭탄을 떨어뜨렸던 나라이다. 전략상 필요하면 실행한다. 다른 나라의 인명을 보호하기 위해서 미국의 주요 전략을 포기하는 경우는 없다.

미국이 북한을 폭격하지 않는 것은 어디까지나 '동맹국'의 인명 피해를 막고 상호방위를 위해서이다. 만약 한국이 동맹국 지위에서 벗어난다면, 미국은 북한을 폭격하는 데 아무런 주저가 없을 것이다. 북한의 보복공격으로 서울 북부가 불바다가 되고 몇십만 명이 사망한다 해도 미국은 별 상관하지 않을 것이다. 한국이 미국과의 동맹을 폐기하면 바로 미국은 북한을 폭격할 수 있다. 그때는 '한국인을 위해서 폭격하지 말아달라'라는 한국의 호소가 더 이상 먹히지 않을 것이다.

미중전쟁,
최초의 공격지

한미동맹에 긍정적인 측면만 있는 것은 아니다. 부정적인 측면도 있다. 가장 대표적인 것이 중국과의 관계에 있어서다. 한국은 미중 군사분쟁이 발생했을 때 절대로 제3자 입장에 있을 수 없다.

만약 미국과 중국이 전쟁하게 된다면 그 전쟁은 어디에서 처음 발발할까? 지금 미국과 중국이 군사적으로 대치하고 있는 곳이 있다. 타이완과 남지나해이다. 중국은 타이완을 중국 영토로 합병하고자 하고, 미국은 타이완이 중국으로부터 독립하는 것을 지지한다. 명목상으로는 '하나의 중국'이지만 특수한 지위에 있는 타이완에서는 중국과 타이완의 정치적 상황에 따라 중국과의 합병을 지지하는 여론이 높아졌다 낮아졌다 한다. 2019년에 발생한 홍콩사태 이후, 타이완에서는 중국과의 합병을 거부하는 여론이 높아졌다. 하지만 중국은 무력 사용을 불사하더라도 타이완이 중국으로부터 완전히 독립해 나가는 것을 거부하고 있다. 중국 군사력 중 큰 비중이 타이완 부근에 배치되어 있고, 미국은 타이완을 지키고 있다. 타이완 지역은 미국과 중국의 군사충돌이 발생할 가능성이 큰 지역이다.

다른 분란 지역으로는 난사군도가 있다. 중국은 난사군도의 여러 암초를 섬으로 바꾸고 군사기지를 만들었다. 그리고 이 지역 바다에 대한 지배권을 선포한다. 섬이기 때문에 그 주변 12해리는 영토이고, 나아가 200해리 수역에 대해서는 경제적 우선권이 있다는 논리이다. 하지만 국제적으로 암초는 섬으로 인정받지 못하고, 그 주변 12해리에 대한 주권도, 200해리에 대한 경제적 우선권도 인정받지 못한다. 미국은 이 지역이 공해公海라고 주장하며 함대를 보내고 있고, 중국은 이 지역이 중국 영토라며 대응한다. 이 지역 역시 중국과 미국의 군사충돌이 발생할 가능성이 큰 지역으로 꼽힌다.

타이완 주변, 그리고 난사군도 모두 한국과는 한참 떨어진 곳이다. 이곳에서 미국과 중국의 군사충돌이 발생하고, 나아가 전쟁이 발발하더라도 한국과는 별 상관없다. 미국과 중국 전쟁은 어디까지나 미국과 중국 전쟁이고, 한국은 지금 이대로 지낼 수 있다. 우리는 대부분 이렇게 생각한다. 미국과 중국 전쟁의 가능성을 이야기하지만, 이때 한국에 어떤 일이 벌어질지는 관심 없다.

난사군도 등에서 군사충돌이 발생해도 미국, 중국 양측에서 이것을 본격적인 전쟁으로 확대할 생각이 없다면 그 군사충돌은 그 지역에서만 문제가 될 것이다. 하지만 본격적인 군사충돌이 발생하면 한국은 절대로 제3자가 될 수 없다. 한국의 오산, 평택, 군산에는 미군기지가 있다. 다른 기지도 아니고, 미국 전투기가 뜨고 내릴 수 있는 공군기지이다. 만약 중국과 미국 간에 본격적인 군사충돌이 발생한다면, 중국은 다른 어디보다 이 미군 공군기지를 제거해야 한다. 한국이 미중 군사충돌에 간여하지 않으려 해도 그럴 수 없다. 중국 전투기들은 한국의 미군기지에 와서 폭탄을 떨어뜨릴 것이다. 다시 한국 미군기지의 미군은 반격해야 하고, 자연스레 한국은 전쟁의 최선봉이 될 수밖에 없다. 중국 입장에서, 미국과의 군사분쟁이 발생했을 때 오산, 평택, 군산 등 한국의 미군기지는 반드시 공격해야 할 요지이다.

중국에서 가장 가까운 미군기지는 어디일까? 한국의 미군기지이다. 그리고 한국의 미군기지는 중국의 다른 곳도 아니고, 중국 수뇌부가 있는 베이징과 가깝다는 특징이 있다. 오키나와에도 미군기지가 있다. 여기에서 미군 전투기가 이륙하면 중국 남반부가 공격권이 된다. 하지만 오키나와에서 베이징은 멀다. 오키나와의 미군 비행기가 베이징을 공격할 가능성은 거의 없다.

중국은 중앙집권국가이고, 공산당 지도부가 모든 의사 결정을 한다. 그리고 중국의 모든 정치적 기능은 공산당 지도부가 밀집해 있는 베이징에서 나온다. 다른 지역이 아무리 공격받아도 베이징만 건재하면 큰 문제가 없다. 그런데 한국의 공군기지는 베이징에서 1,000킬로미터도 떨어져 있지 않다. 일반 비행기로 1시간이면 간다. 미공군 전투기는 보통 시속 2,000킬로미터가 넘는다. 미공군의 주력 전투기 중 하나인 F-15는 시속 3,000킬로미터이다. 한국에서 뜬 미군 전투기는 20분이면 베이징 상공에 도착해서 공산당 지도부를 공격할 수 있다.

최첨단 전쟁은 항공 전력이 중요하다. 1941년 일본의 전투기 부대가 영국의 군함 프린스오브웨일스호를 침몰시킨 후부터 항공 전력이 가장 중요하다는 것은 상식처럼 되었다. 아무리 전함이 강력해도 하늘에서 비행기 부대가 공격하는 것은 당해낼 수 없다. 탱크와 장갑차가 아무리 강해도, 전투기가 하늘에서 쏘아대는 미사일은 감당할 수 없다. 군인들이 아무리 사기가 높고 열심히 싸우려 해도, 하늘에서 폭탄이 떨어지는 것에는 어떻게 대항할 수가 없다. 현대전에서는 항공모함이 중요하다고 하지만, 항공모함이 중요한 이유는 항공모함 자체가 강력한 배이기 때문이 아니다. 항공모함에서 뜨는 비행기가 중요한 것이다. 비행기만 있으면 모든 전장에서 주도권을 가질 수 있다.

비행기의 치명적인 약점이 있다. 넓은 활주로가 필요하다는 점이다. 활주로를 파괴하면 비행기는 무용지물이 된다. 그래서 전쟁이 발발하면 가장 첫 번째 공격목표는 상대 국가의 비행장이다. 일단 비행장을 공격해서 상대편 비행기가 뜨지 못하게 해야 한다. 그다음부터는 일사천리로 상대 국가의 전력을 파괴할 수 있다. 군수공장을 폭파하고, 군수물자를 나르는 도로를 파괴한다. 그러면 상대 국가의 군사력은 저절로 고갈된다.

현대전에서는 상대 국가의 비행기지를 무력화시키는 것이 무엇보다 중요하다. 그런데 한국에 미군 비행기지들이 있다. 한국에서 뜨는 미군 비행기는 중국 전역을 작전 지역으로 하면서 폭탄을 떨어뜨릴 수 있다. 특히 중국 지도부가 모여 있는 베이징을 20분 내로 공격할 수 있다. 중국 베이징 지도부 입장에서 타이완에 있는 미군, 남지나해에 있는 미군은 그리 두려운 존재가 아니다. 이들이 자기들을 직접 공격할 가능성은 없다. 하지만 한국의 미군기지는 자기들을 직접적으로 겨누고 있다. 이런 상태에서 미국과 전쟁을 할 수는 없다. 중국은 최소한 한국의 미군 비행기지를 무력화한 후에야 미국과 전투를 벌일 수 있다. 타이완 앞바다, 남지나해에서 전쟁이 시작되더라도, 일단 중국은 한국의 미군기지부터 공격해야 한다.

이때가 되면 한국이 반대한다고 해서 중국이 한국을 공격하지 않을 가능성은 없다. 한국이 미군에게 한국 미군기지에서 전투기를 띄우지 말라고 사정해도 그 말이 먹힐 리 없다. 미국, 중국 자신들의 목숨이 왔다 갔다 하는 순간에 한국의 호소가 통할 리가 없다. 한국이 알건 모르건, 한국이 인정하건 인정하지 않건, 한국이 좋아하건 싫어하건, 미중전쟁이 발발하면 한국은 일차적인 전쟁터가 된다.

미중 충돌은 한국에는 단순히 세계 패러다임의 변화, 구시대와 신시대의 충돌, 떠오르는 국가와 지는 국가, 세계 최강대국의 질서 이동 등 미사여구가 아니다. 미중 충돌을 먼 나라 이야기로, 구경꾼의 입장으로 생각하면 안 된다. 한국은 미중 충돌이 발생하면 전장의 한가운데 있게 된다. 한가하게 수출이 증가한다거나 소득이 증감한다거나 하는 문제가 아니다. 한국이 전쟁터가 되느냐 마느냐, 한국인이 죽느냐 사느냐의 문제이다. 미중 군사충돌이 일어나면 한국이 첫 번째 군사 표적이 된다. 이 전제하에 우리 한국의 미래를 고려해야 한다.

한국은 미국에
반드시 필요한 맹방?

한미동맹은 한미상호방위조약을 근간으로 한
다. 양국 중 어느 한 국가가 상대 국가로부터 무력 공격을 받
게 되면 다른 나라에서 그 무력 공격을 저지한다는 내용이다.
즉, 한국이 외국으로부터 침략을 받으면, 미국이 무력을 동
원해서 한국을 도와준다는 사항이다. 이 조약은 1953년 10월
체결되었고, 1954년 11월에 정식으로 발효된다.

이 한미동맹은 한국과 미국에 어느 만큼 필요한 동맹이
었을까? 한국과 미국은 정말로 서로에게 중요한 국가였을까?
한국 입장에서 한미동맹은 중요했다. 무엇보다 한국과 북한
은 군사적으로 대립했다. 한국전쟁에서 한국은 북한군을 당
해내지 못했다. 이때 미국의 지원이 없었으면 한국은 북한에
흡수합병을 당했다. 1953년 휴전했지만, 북한군이 또다시 쳐
들어온다면 한국군만으로는 북한군을 당해내기 힘들 것이
다. 미국이 북한으로부터 한국을 지켜준다는 확답이 필요했

다. 한미동맹은 미국이 한국에게 체결하자고 먼저 제시한 것이 아니다. 당시 한국이 미국에 부탁하고 사정해서 얻어낸 것이다.

1950년대 한국은 북한군을 당해낼 수 없었다. 하지만 1980년대 들어 한국 경제가 북한을 완전히 능가하면서 충분히 북한을 감당할 수 있게 되었다. 그러면 더 이상 한미동맹은 없어도 되지 않을까? 그러나 한미동맹은 여전히 한국에 중요했다. 북한이 한국을 침공할 때는 북한군만 쳐들어오는 것이 아니다. 중국, 러시아(당시 소비에트연방)의 지원을 받고 들어온다. 1950년 한국전쟁도 북한 혼자서 일으킨 것이 아니다. 북한은 중국, 러시아로부터 강력한 지원을 받고 한국전쟁을 일으켰다. 당시 한국군을 유린했던 북한 무기는 모두 중국, 러시아의 지원으로 마련한 것이다. 한국은 북한군은 충분히 이길 수 있을지 몰라도 중국-북한, 러시아-북한, 나아가 중국-러시아-북한의 연합군을 이길 수는 없다. 미국의 군사적 지원이 필수불가결했다.

그럼 지금 2020년대는 어떨까? 이제 한국군은 북한군이 무섭지 않다. 장비 측면에서도 상대가 안 된다. 중국과 러시아가 문제였는데, 이제 중국과 한국 사이는 가까워졌다. 중국은 이제 북한을 지원하고 한국을 침공하는 것에 찬성하지 않을 것이다. 1950년대 당시 러시아가 북한의 한국 침공을 지원한 것은 공산주의를 확대하려는 목적이 있어서였다. 그런데 지금 러시아는 그런 목적이 없다. 러시아도 현재 북한보다 한국과 경제적으로 더 밀접하다. 러시아가 북한의 한국 침공을 지원할 가능성도 보이지 않는다. 이제 중국과 러시아는 북한과 같이 손잡고 한국을 침공할 것 같지 않다. 즉, 미국의 지원이 없어도 된다.

북한의 핵무기가 문제이기는 한데, 북한이 핵무기를 사용하면, 다른 핵보유국이 보복 핵공격을 하게 되어 있다. 소위 핵우산이다. 이 핵 보복은 미국의 동맹국이냐 아니냐와 상관없이 작동한다. 한국이 미국의 동맹국이거나 아니거나, 북한이 한국을 핵공격하면 미국은 북한을 공격할 것이다.

즉, 이제 한국 입장에서 미국이 군사적으로 한국을 도와주지 않아도 한국은 충분히 북한의 공격을 막을 수 있다. '미국과의 동맹을 다시 생각하자' 등의 말이 나오는 것은 지금 미국과의 동맹이 반드시 필요한 것은 아니라는 인식 때문이다. 결론적으로 '한미동맹은 과거의 한국에는 반드시 필요했다. 하지만 이제는 반드시 필요한 것은 아니다'라는 판단을 담고 있다. 그래서 미국과의 동맹을 폐기하고 중국 편에 서는 것이 어떠냐는 논의도 이루어진다.

그러면 미국 측에서 보면 어떨까? 미국은 한국을 반드시 동맹국으로 해야 할 이유가 있었을까?

1950년 1월 미국은 애치슨 라인을 선언한다. 앞서 말했듯이 애치슨 라인은 전략상 아시아에서 반드시 미국이 지켜야 할 방위선이다. 애치슨 라인은 알류산열도, 일본, 오키나와, 필리핀으로 이어진다. 한국은 이 애치슨 라인 안에 들어가지 않는다. 미국이 반드시 지켜야 하는 국가에 포함되지 않는다는 뜻이다.

이때 한국은 왜 애치슨 라인에 한국이 포함되지 않는가, 항의했다. 그런데 미국 입장에서 보면 이유는 간단하다. 미국이 지켜야 하는 것은 미국 영토이다. 미국 영토를 외국의 침입으로부터 지키기 위해서는 태평양을 지켜야 한다. 태평양에 적대국 함대가 출몰하면 미국 본토가 위험하다. 또 태평양 한가운데는 미국 영토 하와이, 괌, 사이판 등이 있다. 태평양을 미국 바다로 해야 하고, 이를 위해서는 태평양과 접한 국가들이 미국 편이어야 한다. 미국령이었지만 한때 일본이 점령했던(1942. 6~1943. 7) 알류산열도, 일본, 오키나와, 필리핀은 태평양에 직접 접해 있는 지역이다. 이곳들이 미국 우방이면 태평양이 미국 앞바다가 되는 것이고 미국 영토도 안전하다.

1953년 미국은 한국과 군사동맹을 맺었지만, 한국을 반드시 미국 우방으로 해야 한다는 필요성을 느껴서가 아니다. 한국이 군사동맹을 맺기를 사정했다. 이때 당시 미국은 한국

전쟁을 끝내고 싶어 했다. 하지만 한국이 전쟁을 끝내려고 하지 않았다. 북한을 멸망시키고 한반도 통일을 할 때까지는 절대로 휴전할 수 없다고 주장했다. 미국은 북한을 내버려두고 전쟁을 중단하는 조건으로 한미동맹을 받아들인다. 미국은 한국을 지키기 위해 한미동맹을 맺은 것이 아니라, 3년간 끌고 있는 전쟁을 끝내기 위해 한미동맹을 맺었다.

이후에도 미국은 자국 경제가 어려워지면 계속해서 주한미군 철수 이야기를 꺼낸다. 1970년대 카터 대통령 시기에 주한미군 철수가 결정되었다. 트럼프 대통령도 주한미군 철수 이야기를 꺼냈다. 그런데 일본 오키나와 등지에서 미군을 철수하겠다는 이야기는 나오지 않는다. 미국이 아무리 해외 미군을 철수한다고 해도 정말로 미국 이익에 중요한 곳에서는 철수하려고 하지 않는다. 미국 안보에 그렇게까지 중요하지는 않다고 여기기 때문에 철수 이야기가 거론되는 것이다. 한국은 미국 안보에 절대적으로 필요한 곳이 아니다. 얼마든지 철수할 수 있는 곳이다. 다만 한국이 그동안 미군 철수를 절대적으로 반대하고, 또 동맹국에서 군대를 일방적으로 철수하는 것이 다른 동맹국들에 영향을 미칠 수 있기 때문에 철수하지 않은 것이다.

현대에 들어서는 미군의 한국 주둔 필요성이 조금 달라졌다. 한국은 중국 바로 옆에 있다. 특히 중국의 심장인 베이징에서 1,000킬로미터밖에 떨어져 있지 않다. 주한미군은 중국에 가장 가까이 있는 미군 부대이다. 중국군은 미국 본토 근처에 얼씬거리지도 못한다. 그런데 미군은 중국 수도에서 1,000킬로미터 거리에 진주한다. 전투기로 20분 거리이다. 이것은 미중관계에서 엄청나게 미국에 유리한 상황이다. 한국의 주한미군은 중국에 대한 견제 역할로 중요한 위치를 차지한다. 이 주한미군 문제 때문에 중국은 한국에 대해 불만을 품고 있다. 한국도 이제 주한미군 때문에 한국이 중국의 군사 표적이 될 수 있다며 불안해한다. 이것 때문에 주한미군이 더 이상 필요하지 않다는 목소리도 있다.

그러나 아무리 중국에 대한 견제 지역으로 중요하다고 하더라도, 미국 본토를 지키는 데 반드시 필요한 지역과는 차이가 난다. 한국이 미군에게 동맹 관계를 더 이상 유지하지 않을 테니 나가라고 하면 미군은 미련 없이 나갈 것이다. 한국에 사정하면서까지 주둔하게 해달라고 하지는 않을 것이다. 미국은 군사적 지원을 약속하는 동맹을 부담스러워 한다. 한국이 동맹을 끊겠다고 하는데 동맹을 유지하려고 하지는 않을 것이다. 있으면 좋지만 없어도 큰 상관은 없다. 미국이 한국과의 동맹을 보는 시각은 이 정도라고 봐야 한다.

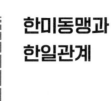

한미동맹과
한일관계

　　한미동맹은 애초에 북한의 공격을 막기 위해서
였다. 그리고 북한을 지원하는 중국, 러시아를 견제하는 의미
가 컸다. 이것이 상식이고, 일반적 인식이다. 그런데 한미동
맹은 군사적 측면에서 보이지 않는 부수적인 효과도 존재한
다. 한국의 북침을 저지하는 기능, 그리고 일본이 한국을 군
사적으로 도발하는 것을 막는 기능 두 가지이다.

　　첫째, 한미동맹으로 인한 주한미군의 존재는 한국이 북
한으로 쳐들어가는 것을 막았다. 이것은 한미동맹의 원래 의
도는 아니다. 그런데 실질적으로 주한미군은 한국의 북침을
막는 역할도 한다.

　　한국이 북한을 공격해 들어가는 일이 과연 가능할까?
1950년 한국전쟁이 발발하기 전, 당시 한국이 주로 북침통일
을 외쳤다는 것은 접어두자. 1953년 한국전쟁 휴전을 반대하
고, 북한으로 쳐들어가서 통일해야 한다고 주장했던 것도 접

어두자. 그런데 그 이후 북한의 도발에 대해, 만약 한국이 독자적으로 군사행동을 할 수 있었다면 북한에 대해 군사적으로 보복하지 않았을 것이라고 자신할 수 있을까? 1968년 김신조 간첩 일당이 청와대를 습격하려 했을 때, 1987년 북한 공작원 김현희가 대한항공 비행기를 폭파했을 때, 2008년 금강산에서 한국 민간인이 북한군의 총에 사살당했을 때, 2010년 북한이 연평도에 포격했을 때, 그때 한국이 독자적으로 군사행동을 할 수 있었다면 정말 가만히 참고 있었을까?

한국인은 항상 정의에 불타는 사람들이다. 실리적인 것보다 상대방의 불의에 더 민감하게 반응한다. 이런 한국인의 성향을 생각하면, 북한의 도발에 대해 아무런 보복을 하지 않고 지나가는 것은 간단한 일이 아니다. 친북 성향 정권이라면 북한이 도발한다고 하더라도 보복하지 않겠지만, 북한에 강경한 정권이라면 이야기가 달라진다. 하지만 한국군이 북한을 군사적으로 도발하는 일은 가능하지 않았다. 한국의 군사작전권은 실질적으로 미군에 있었다. 북한을 공격하는 것은 한국군이 자체적으로 할 수 있는 것이 아니라, 미군의 허락이 있어야 한다. 미군은 북한이 남한을 침략하는 것을 막지만, 남한이 북한을 공격하는 것도 막는다.

둘째, 한미동맹은 일본이 한국을 군사적으로 도발하는 것을 막는다. 한미동맹을 체결할 당시에는 일본이 한국을 공격할 가능성, 한국을 일본으로부터 지킨다는 가능성에 대해서는 전혀 생각하지 않았다. 지금도 한미동맹을 일본과의 관계와 연결하지는 않는다. 하지만 한미동맹은 일본의 한국에 대한 도발을 막아온 주된 방패였다.

한미동맹이 북한의 한국 도발을 막은 것과 일본의 한국 도발을 막은 것은 그 성격이 다르긴 하다. 북한의 경우에는 한국을 도발하고 싶은데 미군 때문에 도발할 수 없었다. 그런데 일본의 경우에는 문제가 생겨도 한국을 군사적으로 도발하려고 생각하지 않았다. 일미동맹을 체결하고 있는 일본 입장에서, 같은 동맹국인 한국을 공격한다는 생각 자체를 할 수 없었다. 일본에는 미군이 진주하고 있다. 한국에도 미군이 진주하고 있다. 미군이 진주하고 있는 일본에서 같은 미군이 진주하고 있는 한국을 공격한다는 발상은 어렵다.

일본이 한국을 군사적으로 도발할 일이 없었느냐 하면 그렇지는 않다. 이승만정권 당시, 한국은 동해에 평화선을 선언하고 일본 어부가 평화선을 넘어오면 체포했다. 평화선은 국제적으로 인정받지 못했다. 지금 봐도 그 평화선 안쪽 바다를 전부 한국 바다라고 주장한다는 것은 무리로 보인다. 하지만 이승만정권은 강경했다. 1965년 한일국교 정상화로 평화선이 없어질 때까지 일본 어선 328척을 나포하고, 3,929명을 체포했다. 이 중에서 44명이 사망했다. 일본의 입장에서는 충분히 군사적으로 대응할 수 있는 건이었다. 하지만 일본은 군사적 선택을 할 수 없었고, 고려하지도 않았다. 일본이 한국의 평화선을 인정해서도, 한국의 일본인 어부 체포, 감금을 받아들여서도 아니다. 미국 동맹국인 한국에 군사적으로 도발한다는 것은 생각하기 힘들었기 때문이다. 미국도 동맹국 간의 일이기 때문에 적극적으로 간여할 수 없었다.

이후 한국과 일본은 수교하지만, 계속해서 삐걱거린다. 식민지배에 대한 일본 관료의 망언, 위안부 문제, 징용 문제, 일본의 과거사 사과 문제 등 계속해서 문제가 발생한다. 하지만 우리는 이런 문제를 두고 군사적 도발이 일어날 것이라는 발상은 거의 하지 않는다. 조선 말기, 일본에서 조선을 정벌하자는 정한론이 나온 것은 조선이 일본의 국서 받기를 거절했기 때문이다. 국서를 거절했다고 조선을 군사적으로 정벌하자는 이야기가 나왔던 국가에서, 일본 어부 44명이 사망했는데 한국에 군사적으로 보복하자는 말이 안 나오기는 어렵지 않은가. 일본의 주권을 명확하게 유린한 김대중 전 대통령 납치 사건, 천황 모독 사건 등에 일본이 그냥 참고 있던 것이라고 보는 게 되려 비합리적이지 않을까. 일본은 체면을 중시하는 국가이다. 체면이 손상되면 상대방을 베거나 아니면 할복하는 사무라이 사회였다. 그런 일본이 지금은 착해져서 한국을 공격하지 않는다고 생각해서는 곤란하다. 일본은 한국을 공격할 수 없어서 안 한 것이다. 그리고 일본이 한국을 공격하지 않은 이유는 한국이 강해서도 아니고, 일본이 정말로 평화를 사랑해서도 아니다. 미국과의 전쟁에서 패한 일본은 절대로 미국의 동맹국을 건드릴 수 없다. 한미동맹은 일본이 한국을 공격하는 것을 막아주는 방패이다.

지금 한미동맹이 북한으로부터 한국을 지켜주는 역할은 끝났다. 북한은 군사적으로 한국을 이기지 못한다. 그 대신 중국과의 관계에서 한미동맹 문제가 부각되기 시작한다. 그러나 내가 볼 때는 현재 한미동맹의 가장 큰 의의는 한일관계에 있다. 한미동맹은 오랫동안 한국을 침략했던 일본의 재침을 막아주는 방패이다. 미국, 중국, 일본, 한국 등의 국제관계가 복잡해지는 현재 시점에서 한미동맹의 이런 의의는 무시될 수 없다.

6장

한미동맹의 폐기,
일미동맹의 유지

미국과
일본의 관계

한국이 한미동맹을 폐기하면 어떤 일이 벌어질까? 한국은 미국과만 동맹 관계이기 때문에 한미동맹만 생각한다. 그런데 미국은 동아시아에서 한국하고만 동맹 관계를 가지고 있는 것이 아니다. 일본과도 동맹 관계이다. 따라서 한미동맹 폐기는 국제적으로 보면 한미동맹은 없어지고 일미동맹은 남는 상태가 된다. 이러면 어떤 일이 벌어질까? 이런 상태가 어떤 것인지 알기 위해서는 먼저 미국과 일본의 관계를 살펴볼 필요가 있다.

미국 국방 정책, 군사 정책의 일순위는 무엇일까? 미국은 세계경찰국가의 역할을 하고 있다지만 그것은 부수적이다. 미국의 가장 중요한 목표는 미국 본토의 안전을 지키는 것이다. 외국이 미국 본토를 침범하지 못하도록 하는 것이 가장 중요한 목적이다.

미국은 1823년 먼로주의를 선언한다. 유럽 열강들은 더 이상 아메리카 대륙에 간여하지 말라는 것이었다. 유럽 열강들은 아메리카 대륙의 국가를 식민지화해서는 안 된다. 아메리카에 군대를 파병해도 안 되고, 무력으로 간여해서도 안 된다. 아메리카 국가는 아메리카 국가끼리 알아서 하도록 내버려두라는 외교상의 불간섭주의가 먼로주의이다. 그 대신 미국도 유럽에 간여하지 않는다. 유럽은 유럽끼리, 아메리카 대륙은 아메리카 대륙끼리 알아서 하자는 것이다.

겉으로 보면 유럽과 아메리카가 각각 자주적으로 살아가자는 것으로 보인다. 그런데 당시 강대국들은 모두 유럽 국가였다. 아메리카가 유럽으로부터 간여받지 않는다고 하면 아메리카의 최강국은 어디가 될까? 미국이 아메리카의 패권국이 된다. 먼로주의는 아메리카 대륙은 미국의 관할 영역이니, 유럽의 다른 강대국들은 끼어들지 말라는 뜻이다. 이때 유럽 열강 말고는 아메리카 대륙에서 미국에 군사적으로 맞설 국가는 없다. 당연히 미국 본토가 외국으로부터 공격당할 가능성도 없게 된다.

먼로주의 이후 미국 군사·외교 정책의 일순위는 미국 본토가 외국으로부터 공격받지 않도록 하는 것이다. 외국이 침범해와도 물리칠 수 있는 군사력을 보유하는 것이 아니다. 외국이 미국에 침범해서 전쟁터가 된 다음에 물리치면 이미 늦다. 아예 처음부터 미국을 침범하지 못하도록 하는 것이다.

따라서 미국의 주적은 미국 본토를 침범할 가능성이 있는 국가이다.

군사적 침략을 받지 않기 위한 가장 확실한 방법은 주변 국가보다 더 강한 군사력을 가지는 것이 아니다. 강한 군사력은 전면전은 막아주지만 이웃 국가와의 국지전은 막지 못한다. 국지전이 발생해도 본토는 위협당한다. 즉, 외국으로부터 공격당하지 않겠다는 원래 목적은 달성하지 못한다.

외국으로부터 군사 침입을 막기 위해 가장 중요한 것은 국경선을 맞대고 있는 국가들을 미국의 우호 세력으로 확보하는 것이다. 미국 편 국가로 만들고 이들을 적극적으로 지원한다. 동맹을 맺어 군사적 지원도 약속한다. 미국과 국경을 맞대고 있는 국가는 미국의 가장 중요한 동맹국이 되고, 서로 긴밀한 관계를 유지한다. 그러면 다른 강대국과 분쟁이 발생하더라도, 주변 국가가 공격당하지, 미국 본토까지 공격당하지는 않는다.

이런 목적으로 미국은 캐나다, 멕시코와 긴밀한 관계를 형성했다. 국경을 접한 국가와 맹방 관계를 형성한 것이다. 그런데 육지에서 국경선을 맞댄 국가와 긴밀한 관계를 형성하는 것만으로는 부족했다. 미국과 바다에서 국경을 맞댄 일본은 1941년 하와이 진주만을 폭격하여 미국 영토를 직접 공격했다.

사실 일본의 진주만 습격이 정말로 기습이었던 것은 아니다. 당시 미국의 석유금수 조치로 1942년 무렵이 되면 일본 함대는 아무 힘이 없어지리라는 것이 예정되어 있었다. 일본은 그냥 항복하느냐, 아니면 미국과 일전을 벌이느냐의 방법밖에 없었고, 그 사정은 미국도 잘 알고 있었다. 또한 당시 미국은 일본의 암호를 모두 해독하고 있었다. 1941년 12월 초 일본의 군사적 공격이 시작될 거라는 것은 인지했다. 미국이 몰랐던 것은 일본이 하와이를 공격하려 했다는 점이었다. 미국은 일본이 동남아시아와 필리핀 등을 공격할 줄 알았다. 그런데 일본은 동남아시아, 필리핀뿐 아니라 미국 본토인 하와이도 같이 공격했다.

　　일본은 바다를 통해 미국 본토를 습격했고 패배했다. 그럼 미국은 일본에 대해 이후 어떤 정책을 펴야 할까? 미국을 공격한 나쁜 국가이니 잠재적인 적국으로 대해야 할까? 잠재적 적대국으로 대하면 나중에 또다시 미국을 공격할 수 있다. 미국은 국경을 접한 국가는 절대적인 자기 편으로 만드는 정책을 편다. 일본은 미국의 맹방이 되어야 한다.

　　그동안은 육지로 국경을 접한 국가를 맹방으로 만드는 정책을 썼는데, 이제는 바다로 국경을 접한 국가도 맹방으로 만들어야 한다. 1950년 발표된 애치슨 라인은 일본을 미국 국방에 절대적으로 필요한 구역으로 선언했다. 다른 나라가 일본을 침략하면 미국이 개입할 테니 아무도 일본을 건드리지 말라는 선언이었다. 일본을 맹방으로 하겠다는 선언이기도 했다. 일반적으로 보면 미국을 공격한 일본을 지켜주겠다는 것이 이해가 안 될 수도 있다. 적을 도와주겠다는 것이 말이 되나? 하지만 미국 외교·국방 정책의 기본을 고려한다면, 또 태평양전쟁을 겪은 미국 입장을 고려한다면 충분히 이해할 수 있다. 일본이 적국이 되면 하와이 등 미국 영토를 지키기 힘들다. 전쟁에서 이기기는 하겠지만, 본토가 침략당하는 일은 언제든지 벌어질 수 있다. 미국은 본토가 공격당하는 것 자체를 받아들일 수 없다. 태평양은 넓다. 아무리 잘 지킨다고 해도 구멍이 생긴다. 아예 일본을 맹방으로 만들어버리는 것이 미국의 이익에 충실한 것이다.

이런 미국 입장에서 한국은 미국의 맹방이 아니더라도 상관없다. 한국이 미국의 적대국이 된다고 해도 미국의 이익에 큰 영향은 없다. 한국이 미국 영토를 공격할 가능성은 없다. 한국이 해군, 공군력을 증강해 하와이 등을 공격하려고 해도 중간에 일본이 있다. 따라서 미국 입장에서 한국은 꼭 맹방일 필요는 없다.

그러나 일본은 아니다. 미국 입장에서 일본은 꼭 맹방으로 만들어야 한다. 일본이 적국이 돼서 군사적으로 대치하면, 미국 본토가 위험해진다. 당장 하와이 진주만이 일본의 폭격을 받지 않았나. 현재는 태평양 전체가 미국의 바다이다. 그러나 일본이 적국이 되면 태평양의 많은 부분이 미국의 관할에서 떨어져 나간다. 일본의 육지 영토는 그렇게 크지는 않다. 하지만 태평양 곳곳에 일본령 섬이 흩어져 있어서 광활한 바다 영토를 가지고 있다. 북태평양의 거의 1/3 정도가 일본 세력권이다. 이 넓은 구역에서 미국이 나가야 한다면 미국의 태평양 전략에도 큰 차질이 생긴다.

미국은 일본을 포기할 수 없다. 미국이 세계 최강대국의 지위를 내려놓고, 아메리카 대륙에서만 힘을 쓰는 중진국으로 내려앉는다면 일본이 없어도 된다. 하지만 미국이 세계 최강대국의 지위를 유지하기 위해서는, 무엇보다 미국 본토를 절대적으로 지키기 위해서는 일본을 맹방으로 유지하는 일이 꼭 필요하다.

미국은 한국은 포기해도 일본은 포기할 수 없다. 바로 이것이 한국에는 문제가 된다. 한국이 일본과 같이 미국의 맹방으로 남아 있다면 별다른 문제가 아니지만, 한국이 미국의 맹방에서 벗어난다면, 따라서 미국이 한국을 지키고 보호할 의무가 없어지면 미국과 일본의 이 긴밀한 관계가 한국에는 독이 된다.

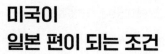

미국이
일본 편이 되는 조건

한미동맹이 끊어지면 어떻게 될까? 지금 한국에서는 한미동맹이 끊어지면 한국과 중국 관계, 한국과 북한 관계가 더 나아질 것만 생각한다. 물론 한중관계, 남북관계는 지금보다 더 나아질 것이다. 그런데 문제가 되는 것은 일본과의 관계, 더 나아가 일본과 동맹 관계인 미국과의 관계이다.

한미동맹이 끝나면 미국은 한국에서 손을 뗀다. 미국이 한국에 보복하거나 하지는 않을 것이다. 별 미련도 없을 것이다. 예전에 동맹국이었던 나라, 그 정도로 생각할 것이다. 한국을 좋아하지도 않고 싫어하지도 않고, 그저 세계의 일반적인 다른 나라와 동등한 수준에서 생각할 것이다. 헤어졌다고 보복하고 미워하는 것은 깊은 관계일 때나 하는 것이다. 오히려 세계에서 가장 전쟁 발생 가능성이 큰 지역에서 자연스레 발을 빼게 되었다고 좋아할 수도 있다. 다른 동맹국에 대한 신뢰성의 문제가 있으므로 미국이 한국과의 동맹을 일방적으로 끝내는 것은 어려웠다. 일방적으로 동맹 관계를 끊는 것은 다른 동맹국에 미국이 자기 이익에 따라 언제든지 떠날 수 있다는 메시지를 준다. 그만큼 미국에 대한 믿음과 지원도 하락할 수밖에 없다. 미국의 입장상, 먼저 나서서 동맹 관계를 끊을 수는 없다. 그런데 한국에서 동맹을 끝내자고 먼저 요구하고 사정하면, 이보다 더 좋을 수는 없다.

미국은 한국에 별 이해관계가 없다. 문제는 일본이다. 한국은 일본과 많은 부분에서 부딪친다. 늘상 거론되는 위안부 문제, 징용 문제, 동해 호칭 문제에 대해서 항상 한국은 일본과 각을 세우고 있다. 그동안 미국은 이런 한국-일본 문제에 대해 중립을 지켰다. 어느 한쪽을 대놓고 지지하지 않았다. 미국이 한일 분쟁에서 중립을 지킨 이유는 간단하다. 한국도 동맹국, 일본도 동맹국, 두 나라 모두 동맹국이기 때문이다. 두 나라가 동맹국인데 어느 한 나라 편을 들 수는 없다. 미국은 한국의 입장을 적극적으로 지지하지는 않았지만, 그렇다고 한국이 국제사회에서 위안부 문제, 징용 문제를 계속 제기하는 것에 대해 반대하지도 않았다. 한국과 일본 갈등이 일어나면 미국은 중재했다. 동맹국 간에 다투는 것은 미국으로서는 골치 아픈 일이다.

그런데 한국-미국 동맹 관계가 끊어지면 어떻게 될까? 미국은 항상 동맹국 편이다. 이제는 일본만 동맹국이 되는 것이고, 그러면 미국은 한일 분쟁에서 항상 일본 편에 설 것이다.

한국의 주장이 옳으니까 한국 편을 들지 않을까? 옳고 그름을 중시하는 미국의 학계나 시민단체는 한국을 지지할 수도 있다. 그러나 실리를 중시하는 미국의 외교·군사 정책을 두고 본다면 한국이 옳다는 이유로 한국을 지지할 리는 없다. 한국이 동맹국의 이익을 건드리지 않고 다른 나라와 갈등을 일으킨다면 옳고 그르냐의 문제가 중요할 수 있다. 하지만 비동맹국 한국과 동맹국 일본 사이에 갈등이 벌어지면 그에 대한 미국의 반응은 하나다. 동맹국 일본을 지지한다.

미국이 한일 문제에서 일본을 지지하면, 다른 미국 동맹국들도 일본을 지지한다. 일본은 국제사회에서 위안부 문제, 징용 문제를 거론하는 것 자체를 싫어한다. 지금까지는 일본의 이런 입장이 국제사회에서 먹히지 않았다. 그러나 미국이 일본의 입장을 지지하면 사정이 달라진다. 더 이상 한국은 국제사회에서 일본에 부정적인 발언을 하기가 힘들어진다. 이야기해도 의제로 선택되지 않을 것이다. 국제기구의 여론은 미국이 주도한다. 최소한 미국이 반대하는 것이 의제로 올라갈 가능성은 거의 없다.

그런데 정말 중요한 것은 위안부 문제 등 분쟁 사안만이 아니다. 그동안은 일본이 한국에 원하는 것이 있더라도, 그것이 한국에 피해를 준다면 할 수 없었다. 동맹국의 피해를 막고자 하는 미국의 입장을 고려해야 했기 때문이다. 하지만 한국이 미국과의 동맹에서 벗어나면 이제는 한국과 관련된 미국의 입장을 고려할 필요가 없다. 일본은 한국에 대해서 원하는 것을 시도하고 행동할 수 있다. 군사적 도발도 할 수 있게 된다.

그동안 일본은 아무리 한일관계가 좋지 않아도 군사적 도발은 하지 않았다. 일본이 군사적 도발을 하는 것은 불가능했다. 일본이 한국을 군사적으로 건드리는 것을 미국이 허락할 리가 없기 때문이다. 그리고 미국이 일본의 군사적 도발을 막은 이유는 미국이 평화를 사랑해서가 아니다. 한국을 아끼고 사랑해서도 아니다. 미국의 동맹국이 도발당하는 것을 허락할 수 없기 때문이다. 하지만 이제 한국이 미국의 동맹국이 아니게 된다면? 일본은 한국을 군사적으로도 도발할 수 있게 된다.

일본이 한국을 군사적으로 도발할 일이 무엇이 있을까? 당장 독도 문제가 있다. 지금 일본은 독도 문제에 대해서는 군사력을 동원하지 않고 있다. 그런데 일본과 중국의 영토분쟁이 발생해 서로 영유권을 주장하고 있는 센카쿠열도(중국명 댜오위다오)를 보자. 평소에는 몰라도 긴장이 증가할 때는 중국의 함대, 일본의 함대가 서로 대치한다. 상대 국가가 자기 나라 땅을 무단 점령하고 있다고 볼 때는 보통 무력을 동원해서 상대방을 견제하고 위협한다.

그동안 일본은 한국이 독도를 무단 점거하고 있다고 몇 십 년간 주장하면서도 한 번도 무력을 동원할 생각은 하지 않았다. 일본이 착해서 그런 것은 아니다. 2차세계대전 때 무력을 동원한 것에 대해 진심으로 반성해서도 아니다. 독도는 한국 땅이라는 한국의 주장을 인정해서도 아니다. 미국 동맹국인 한국에 군사적 행위를 하는 것이 불가능했기 때문이다. 그러나 이제는 미국이라는 방패가 없어진다. 오히려 미국은 동맹국 일본의 주장을 적극적으로 지지하면서 독도는 일본 땅이니 빨리 반납하라고 요구할 것이다. 일본이 군사를 동원해서 독도를 탈환하고자 해도 그대로 인정할 것이다. 미국은 동맹국과 비동맹국 간의 다툼에서는 일방적으로 동맹국 편을 드는 나라이다.

한국은 미국과 동맹 관계를 끊을 때, 단순히 미국과 동맹 관계를 끊는 것뿐이지 미국과 적대국가가 되려는 것은 아니다. 분명 미국은 한국의 적대국가가 아니다. 단지 미국이 일방적으로 일본 편을 들 뿐이다. 그런데 한국과 일본이 다툰다. 미국이 일방적으로 일본 편을 들면 자연히 한국과 미국도 다투는 국가가 되어버린다. 본의 아니게 한국은 미국의 적대국가가 된다.

한미동맹이 끊어지면서 관계가 돈독하게 개선될 중국과 북한이 한국을 도와주지 않을까? 경제적으로는 도와줄 것이다. 그런데 중국이 군사적으로도 한국을 도와줄까? 군사적으로 한국을 돕는다는 것은 일본과 군사적으로 대치한다는 것을 뜻한다. 그리고 일본과 군사적으로 대치한다는 것은 미국과 군사적으로 대치한다는 뜻이다. 중국은 본격적으로 미국과 한판 붙을 생각을 하지 않는 한, 한국을 도와줄 수 없다.

미국과 중국이 한국을 도와주지 않는 상태에서 일본이 한국에 군사적으로 도발을 하면, 한국은 일본을 당해낼 수 없다. 일본이 독도를 군사적으로 점령하려 한다면, 한국 해군은 이것을 막아낼 수 없다. 이것이 한미동맹 해체가 가져올 주요한 결과 중의 하나이다.

일본의
한반도 재침입 가능성

한미동맹은 없고 일미동맹만 있을 때 국제무대에서 미국은 일본 편이 된다. 한국이 일본과 아무런 이해관계가 없다면 미국이 일본 편이든 아니든 상관없다. 하지만 한국과 일본은 많이 부딪치고 있다. 계속 미해결 상태인 동해냐 일본해냐의 문제에서부터, 징용 판결, 위안부 문제, 독도 문제 등에 대해서 계속 부딪치고 있다. 이런 문제에 대해 이제 미국은 완벽히 일본 편에 선다.

미국이 일본 편에 설 때 미국만 일본 편에 설 것이라고 생각하면 안 된다. 미국 동맹국 전체가 다 일본 편에 선다고 봐야 한다. 전 세계 48개국 미국 동맹국 연합이 모두 일방적으로 일본 편을 들면서 한국의 주장을 비판하기 시작할 것이다.

그런데 일미동맹의 영향이 이 정도로 끝난다면 그래도 괜찮다. 하지만 한국과 미국의 동맹 관계가 끊어진 상태에서 미국과 일본이 동맹이라는 점은 한국에 훨씬 더 치명적인 영향을 미친다. 과거에 미국이 한국과 적대적이고 일본 편일 때, 어떤 일이 벌어졌나 다시 상기해보자. 역사적으로 미국이 한국과 척지고 일본을 지지했던 시기가 있다. 한국이 러시아 편이 되었을 때다. 이때 일본은 한반도에서 러시아 세력을 몰아내려 했고, 미국은 이를 적극적으로 지지했다. 영일동맹의 힘을 빌려 일본이 한반도에서 러시아를 몰아냈을 때, 미국은 일본의 한국 지배를 인정했다. 한국이 일본 식민지가 된 것은 미국과 영국이 승인하지 않았다면 불가능했다.

제2차세계대전 당시 미국이 일본의 적이 되었을 때 어떤 일이 벌어졌는가도 살펴보자. 미국은 한국을 지지했다. 카이로선언, 포츠담선언 등에서 미국은 한국의 독립을 지지했다. 그렇다고 해서 미국이 한국을 지켜주려 했다고 생각해서는 곤란하다. 미국이 한국의 독립을 지지한 것은 미국이 일본의 적이기 때문이다. 일본에 피해를 주고자 한 것이지, 한국을 도우려고 한 것이 아니다. 1900년대 초 미국은 일본이 한국을 식민지로 점령하는 것을 찬성하고 승인했다. 그러고나서 1940년대에는 일본의 한국 식민지 지배를 반대했다. 한국이 식민지냐 독립국이냐에 대해 큰 관심이 있어서 그런 것이 아니다. 일본이 자기 편일 때는 한국이 일본의 식민지가 되는 것을 인정하고, 일본이 적일 때에는 한국이 일본의 식민지인 것을 반대한 것이다. 미국이 한국의 독립을 지지하는가는 한국을 고려해서 결정된 것이 아니었다. 미국과 일본의 관계를 고려해서 결정된 것이다.

1945년 한국이 일본으로부터 해방된 것은 한국 스스로의 힘으로 이룬 독립이 아니다. 미국이 한국을 독립시켜준 것이다. 그것은 한국을 위해서가 아니다. 일본의 힘을 약화시키기 위해서였다. 일본은 1870년대부터 해외 영토를 차지하기 시작했다. 그때까지는 다른 나라였던 오키나와를 1879년에 합병하고, 1895년에는 청일전쟁으로 타이완을 얻었다. 1910년 한반도를 합병하고, 1931년에는 만주를 차지했다. 1937년에는 중일전쟁을 일으켜 중국 동부 해안지대를 모두 점령했다. 1940년에는 인도차이나반도를 점령하고, 1942년 이후에는 인도네시아, 필리핀도 점령했다.

미국은 일본과 전쟁하면서 전쟁에서 승리하면 그동안 일본이 획득한 해외 영토를 일본 땅에서 제외하려고 했다. 그런데 그 기준을 언제로 잡아야 할까? 언제까지 일본이 획득한 영토를 일본 땅으로 인정하고, 언제부터 일본이 획득한 영토는 해방시켜야 할까? 만약 이때 1930년을 기준으로 했다면 오키나와, 타이완, 한반도, 만주는 계속 일본 땅이고, 중국, 인도차이나 등은 뱉어내야 한다. 1910년도를 기준으로 했다면 오키나와, 타이완, 한반도는 계속 일본 땅이다. 1890년도를 기준으로 하면 오키나와, 타이완은 계속 일본 땅이고, 1880년을 기준으로 하면 오키나와만 계속 일본 땅이다. 아예 1870년을 기준으로 하면 오키나와도 해방되어야 한다.

어느 시점을 기준으로 일본 영토에서 제외해야 할까? 그 기준은 미국이 정했다. 일본이 개항 이후 얻은 모든 해외 영토였다. 1879년 합병한 오키나와부터 1895년에 얻은 타이완, 1910년에 얻은 한반도, 1930년대에 얻은 만주를 모두 뱉어내야 했다(오키나와는 1945년 후 미국령이 되었다가 이후 1972년에 일본에 돌려주었다). 만약 이때 미국이 1910년 이후를 기준으로 했다면 어땠을까? 그러면 1945년 한반도 해방은 없었다.

한미동맹이 폐기되고 일미동맹만 남는다면, 한국은 1900년대 초의 국제 환경으로 돌아간다. 세계 강대국들이 일본의 한반도 침략을 인정하고 도와주는 국제 환경이다. 미국이 일본에 대해 한반도에 진출하라고 독려하지는 않을 것이다. 하지만 일본이 한반도에 진출하겠다고 하면 그것을 막거나 방해하지도 않고 적극적으로 지지할 것이다. 1900년대에 미국은 러시아의 진출을 막고자 했고, 러시아를 막으려는 일본을 적극적으로 지지했다. 지금 미국은 중국의 확대를 막으려고 한다. 중국의 확대를 막으려는 일본을 적극적으로 지지할 것이다. 일본이 중국의 확대를 막기 위해 한반도 진출이 필요하다면 지지할 것이고, 한국에 군대 파병이 필요하다고 하면 그것도 인정할 것이다.

문제는 일본이 한반도에 군사적으로, 정치적으로 진출하려 할 것이냐 아니냐이다. 일본은 지난 세기 다른 나라를 계속 침략하다가 비극을 맞이했다. 과거의 군국주의를 반성하고 이제는 다른 나라를 침략할 생각을 전혀 하지 않을 수도 있지 않을까? 한반도로 나아갈 기회가 주어졌다 하더라도 스스로 제어하려고 하지 않을까?

일본이 한반도에 대해 그럴 가능성은 적다고 보아야 한다. 기회가 없어서 못하는 것이고, 사정이 안 되어서 안 하는 것이다. 할 수 있는 능력이 있고 해도 되는 사정이라면 일본은 한반도에 욕심을 낼 것이다. 만주, 중국, 필리핀 등은 몰라도 한반도에 대해서만은 욕심을 낼 것이다.

일본 입장에서 한반도는 만주, 중국, 필리핀 등과 다르다. 한반도는 일본 본토의 안위와 직접적으로 관련된다. 한반도는 절대로 일본에 적대적인 국가가 되어서는 안 된다. 친하지는 않아도 상관없다. 아예 관계가 없어도 된다. 하지만 최소한 적대국가가 되어서는 안 된다. 한국이 일본의 적대국가가 되면, 그때 일본은 가만히 있을 수 없다. 어떤 수단을 쓰더라도 한국이 일본의 적대국가가 아니게 만들어야 한다. 한국에 내정간섭을 하더라도, 안 되면 무력을 사용해서라도, 더나아가 식민지로 만들어서라도 한국이 일본에 적대적이지 않게 만들어야 한다. 그것이 1890~1910년에 벌어진 일이다.

조선 말과 달리 지금 일본이 한국에 내정간섭을 하지 못할 이유는 무엇일까? 한국의 자치권을 존중해서? 한국을 존경해서? 그럴 리 없다는 것은 우리는 익히 알고 있지 않은가. 지금 일본이 한국에 간섭하지 못하는 이유는 국제관계에서 그것을 허용하지 않기 때문이다. 국제관계라고 하지만 정확히는 미국이 허용하지 않기 때문이다.

하지만 한국이 미국의 동맹국이 아니고 일본은 미국의 동맹국일 때, 그리고 일본이 한국에 간여하는 것이 일본의 안전을 위해서 꼭 필요하다고 한다면 미국은 일본의 간섭을 허용할 수 있다. 일본이 한국으로 나가려 한다면, 미국은 얼마든지 허용할 수 있다. 그리고 미국이 허용한다면, 일본은 다시 한반도로 눈을 돌릴 것이다.

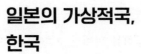

일본의 가상적국, 한국

한국에서 한미동맹에 대해 이런저런 의견이 나오고, 한미동맹 관계를 끝내자는 이야기가 나오고 있다. 그 이유는 두 가지이다. 하나는 이제 미국의 시대는 지고, 중국의 시대가 다가오기 때문에 중국과의 관계가 더 중요하다는 인식이다. 한국은 과거에는 미국과의 관계가 중요했다. 하지만 지금은 중국과의 관계가 더 중요하다. 교역규모에서도 중국과의 교역이 미국과의 교역을 넘어섰다. 지금 한국 경제는 중국과 떨어지려야 떨어질 수 없는 관계이다. 이렇게 소중한 관계인데 중국은 한미동맹을 싫어한다. 중국과 긴밀한 관계를 구축하기 위해서도 한미동맹 관계를 끝내고 중국 편에 설 필요가 있다는 논리이다.

다른 하나는 북한과의 관계이다. 한국은 북한과 더욱 긴밀한 관계가 되기를 원한다. 북한과 경제 교류도 하고, 북한에 지원도 하려 한다. 그런데 미국이 이것을 방해한다. 북한에 투자하는 것도, 북한과 교역하는 것도 모두 미국이 막고 있다. 미국은 한반도 평화를 위해서 주둔한다고 하지만, 실질적으로 북한과 남한이 평화롭게 교류하는 것을 막는다. 한반도 긴장의 원인이 미국이다. 한국의 대북 정책에 대해 사사건건 딴지 거는데, 한국이 미국에 보조를 맞출 수밖에 없는 이유는 한미동맹 때문이다. 북한은 미군이 한국에 진주하는 것도 싫어하는데, 이것도 한미동맹 때문이다. 한미동맹 관계를 끝내면 북한과의 관계가 훨씬 더 좋아질 것이다. 북한과 남한 간에 평화 관계를 이룰 수 있을 것이다.

이처럼 한미동맹에 대해 말할 때는 중국과의 관계, 그리고 북한과의 관계를 이야기한다. 일본과의 관계에 대해서는 이야기하지 않는다. 한국은 기본적으로 일본에 별 관심이 없다. 우리가 일본에 많은 관심을 가지는 것 같지만, 현재의 일본이 아니라 과거사 문제로 관심을 가질 뿐이다. 과거 식민지 문제 이외의 일본 문제에 대해서는 관심이 없다. 위안부 문제, 징용 문제, 독도 문제, 역사교과서 문제, 야스쿠니 신사참배 문제, 식민사학 문제 등 일본과 관련된 대부분의 쟁점은 식민지배 시기와 연결되어 있다. 과거사를 둘러싼 한일관계 때문에 일본에 대해 관심이 많은 것이지, 그것만 아니라면 일본에 대해 상관하지 않는다.

한미동맹을 끝내는 것이 일본에 어떤 영향을 미칠지도

생각하지 않는다. 한국은 한미동맹을 끊고 중국 편에 서는 것이다. 일본을 적대국가로 할 생각은 꿈에도 없다. 일본과 더 친해지고 싶은 생각도 없다. 일본과는 아무 관계 없는 것이다.

다시 말하지만, 일본에 있어서 한미동맹이 없어지고 한국이 중국 편에 선다는 것은 엄청난 영향을 미치는 일이다. 그야말로 국가 전략의 대변화를 가져오는 일이다. 현재 일본의 주요 가상적국은 중국이다. 현재 일본의 방위 전략, 군사전략은 중국을 막는 것에 초점을 두고 있다.

한국 사람들은 일본과 중국이 멀리 떨어져 있는 나라로 본다. 중국과 일본 사이에는 북한이 있고 한국이 있다. 인접한 국가도 아니고 중간에 북한과 한국, 두 나라가 끼어 있는데 일본과 중국은 별 상관없는 국가 아닌가? 그런데 일본의 영토는 일본의 4개 주요 섬만이 아니다. 오키나와도, 센카쿠도 일본 영토이다. 이 지역은 중국과 맞닿아 있다. 특히 센카쿠열도는 중국과 일본의 영토분쟁이 일어나는 곳이다. 군사적 위협이 일상적이고, 서로 직접적으로 대치한 때도 있다.

중국 측에도 일본은 적대국가이다. 한국이 일제 식민시대를 비난하는데, 중국도 일제 식민시대를 겪었다. 만주를 일본에 넘겨주었고, 베이징, 상하이, 광저우 등 중국의 주요 지역이 모두 일제 식민시대를 겪었다. 근대에 들어 중국은 외국 국가들에 유린당했던 과거를 극복하고자 한다. 그런데 당시 가장 중국을 유린했던 나라가 일본이다. 지금 경제적으로 일본과 친화적인 관계이기는 하지만, 정치적으로, 특히 군사적으로는 미국과 더불어 가장 강력한 가상적국이다.

일본과 중국은 근래 군사분쟁으로도 맞서고 있다. 다행인 것은 일본 본토와 멀리 떨어진 동지나해 부근에서 부딪치고 있다는 점이다. 일본 본토에는 직접적인 위협이 없다. 그런데 한국이 중국 편이 되면 이야기가 달라진다. 그러면 한국도 가상적국이 된다. 중국과 한국이 같이 일본의 적대국가가되는 것이다.

그동안 한국은 미국 동맹국이었다. 일본의 가상적국은 북한이고, 한국은 일본 편이다. 중간에 한국이라는 완충지가 있고, 한국은 미국의 보호를 받고 있으니 특별히 걱정할 필요가 없다. 그러나 이제는 아니다. 한국이 미국과의 동맹 관계를 끝내고 중국 편에 섰다. 이제 일본은 직접적으로 중국의 영향에 노출된다. 조선 말, 조선이 청나라를 따르는 상황, 바로 그 상황이 재현된다.

한국은 일본에 적대국가가 될 생각은 꿈에도 없다. 그러니 한국이 중국과 친해지는 것이 일본에 위협되는 일은 아니라고 할 것이다. 하지만 일본 입장에서는 말이 되지 않는다. 협력회사가 경쟁회사로 넘어가면서, '단지 경쟁회사로 갈 뿐이지 당신 회사에 해를 끼칠 생각은 없습니다'라고 하면 받아들여질 리가 없다. 한국이 중국 편에 서면, 자연히 한국은 일본의 적대국가가 된다.

한국이 중국 편에 서면 일본은 중국의 위협을 바로 코앞에서 느낀다. 일본으로선 가만히 있을 수 없다. 한국에 간여해야 한다. 어떻게 해서든 한국을 중국 편에서 떼어내야 한다. 필요하면 무력을 동원해야 한다. 그렇지 않으면 일본의 안위 자체가 문제가 된다. 바로 이 논리로 일본은 청나라가 우위를 가지고 있던 조선을 침략했다. 바로 그때의 국제관계 구도가 다시 형성되는 것이다.

결론적으로 한국이 미국과의 동맹을 폐기하고 중국 편에 선다면, 일본은 한국을 가상적국으로 보게 된다. 그리고 한국이 중국 편에서 떨어지게 하려면 어떤 일이라도 할 것이다. 군사력까지도 동원할 수 있다. 미국은 이런 일본의 행동을 적극적으로 지지할 것이다. 일본은 한반도에서 청나라를 몰아내기 위해 청일전쟁을 일으켰다. 그런 군사적 분쟁이 또다시 발생할 수 있다.

미국의 최전선에서
중국의 최전선으로

현재 중국과 미국은 서로 패권 다툼을 하는 중이다. 중국은 자기 영향력을 계속 넓혀나가려 하고, 미국은 중국의 확장을 막으려고 한다. 경제적으로만이 아니라 군사적으로도 이런 다툼이 아시아 전역에서 발생하고 있다. 한국은 이런 미중 갈등에서 미국 측 최선봉을 맡고 있다. 오산, 군산 등의 주한미군 비행기지는 중국에서 가장 가까운 미군 비행기지이며, 주한미군은 중국에 가장 가깝게 배치되어 있는 미군이다. 만약 정말로 중국과 미국 군사분쟁이 발생하면, 한국은 미국 측 최선봉이 된다. 중국은 주한미군을 공격할 수밖에 없고, 자연스레 한국은 중국과 미국의 전장이 되어버릴 가능성이 크다.

한국은 이런 상황이 부담스럽다. 한미동맹 관계를 끊으면 주한미군이 한국에 더 이상 주둔하지 않는다. 미군 비행기지도 철수한다. 그동안은 한미동맹 때문에 한국은 미중전쟁에 휘말려들 수밖에 없었다. 한미동맹이 끊어지면 더 이상 그럴 위험이 없다. 이런 논리로 한미동맹을 그만두어야 한다는 주장도 있다. 하지만 이런 식의 논리는 너무 한국 편의 시각에서만 보는 것이다. 실제 현실이 이렇게 굴러갈 리 없다.

한국이 한미동맹을 끝내고 중국 편이 되면, 한국이 미국의 최선봉이 되는 상황에서 벗어나는 것은 맞다. 하지만 그 대신 한국은 중국의 최선봉이 된다. 일본에는 대규모의 미군이 주둔하고 있다. 한국이 중국 편이 되면, 미국 측에서 볼 때 한국은 미군 그리고 미국 동맹국에 가장 가까이 있는 중국 편이다. 부산에서 쓰시마까지는 34.5킬로미터, 후쿠오카까지는 104킬로미터다. 한국은 가장 가까운 적대국이 된다. 미중전쟁이 발발하면 한국은 미국과 일본의 첫 번째 공격 대상이 된다.

한국에는 중국 군대가 없으니 미국, 일본에 위협이 되지 않는다. 그러니 미국, 일본이 한국을 공격할 일은 없다고 생각할 수 있다. 그런데 한국이 미국을 버리고 중국 편이 되면 그 후에 어떤 일이 벌어질까? 중국과 단지 경제 관계만 돈독히 하고, 군사적 문제는 아무 상관없이 지낼 수 있을까?

A국과 B국이 서로 대치한다고 하자. 이때 A국의 장수와 병사들이 A국을 버리고 B국으로 갔다고 하자. B국은 물론 이 장수와 병사들을 크게 환영할 것이다. 그런데 B국은 이 장

수와 병사들을 후방으로 보내 보호할까? 동서양을 막론하고, 서로 대치하고 있을 때 상대 군사가 넘어오면 이 군사를 활용하는 방법은 정해져 있다. 그 상대국과의 전쟁에 앞장서게 하는 것이다. B국으로 귀순한 장수와 병사들은 절대 후방으로 이주하여 편하게 살지 못한다. 당장 A국과의 전투에서 선봉에 서야 한다. B국 입장에서는 항복한 군사들을 전면적으로 신뢰할 수 없다. 후방으로 돌렸다가, 만약 이들이 돌변하여 공격하거나 반란을 일으키면 꼼짝없이 당한다. 같이 옆에서 싸우기도 부담스럽다. 만약 가짜 항복이었다면 공격당한다. 무엇보다 B국은 항복한 장수와 병사들이 앞으로 자기 나라에 충성을 다할 것을 기대한다. A국 출신의 항복한 장수와 병사들은 A국과의 싸움에서 선봉에 서야 한다.

한국이 미국을 버리고 중국 편이 되면, 중국은 한국을 뒤로 빼고 한국을 보호하려고 하지 않을 것이다. 정말로 미국을 버렸는지, 중국 편이 되었는지 그 증명을 요구할 것이다. 중국의 선봉에 서서, 중국을 위해서 미국, 일본과 대응할 것을 원한다. 최소한 한국이 이전에 미국에 제공한 것을 중국에도 주기를 원할 것이다. 미국에는 허용했는데 중국에는 허용하지 않는다면, 한국이 정말로 중국 편이 되었는지에 대해 의심할 수밖에 없다.

중국이 한국에 가장 원하는 것이 뭘까? 그것은 중국과

한국 간 무역을 증진하는 것이 아니다. 한국에 중국군을 주둔시키는 것이다. 주한미군은 중국에 치명적인 영향을 미친다. 마찬가지로 한국에 중국군을 주둔시키는 것은 미국에 치명적인 영향을 미친다. 일본의 주일미군, 괌과 사이판의 미군, 그리고 동맹국 일본에 치명적이다. 한국에 중국군을 위한 비행기지가 들어서는 것도 치명적이다. 한국에서 중국 전투기가 뜨면, 정말 10분 안에 일본의 주일미군을 공격할 수 있다. 이것만으로 중국이 미국을 이길 수 있을지는 의심스럽다. 하지만 중국이 미국과의 군사분쟁에서 지금보다 훨씬 더 유리해지는 것은 사실이다.

한국이 중국 편을 선언하면, 중국은 이런 군사기지를 요구할 가능성이 있다. 그러면 한국은 중국의 요구를 거절할 수 있을까? 거절하려 할 것이다. 하지만 미국에 허용한 것을 중국에는 허용하지 않는다면, 중국이 한국을 다른 눈으로 볼 것은 분명하다.

그리고 사실 한국이 중국의 이런 요구를 받아들이느냐 받아들이지 않느냐는 중요하지 않다. 정말로 중국-미국 군사분쟁이 발생하면 한국이 받아들이느냐 받아들이지 않느냐에 상관없이 중국은 한국을 군사기지로 활용하려 할 것이다. 최소한 중간 경유지, 보급지로는 활용할 것이다. 미국, 일본은 이런 중국의 보급지를 공격할 수밖에 없다. 한국은 첫 번째 공격 대상이 되는 것이다.

한국은 미국의 최선봉이 되는 것이 싫어서 중국 편에 섰는데, 이제 중국의 최선봉이 된다. 미중 분쟁에서 중국의 일차적 공격 목표가 되는 것이 싫어서 중국 편에 선다면, 이제는 미국, 일본의 최우선 공격 목표가 된다.

한국은 중립을 지킬 것이니 이런 분쟁에 끼어들지 않을 것이라고 볼 수도 있다. 지금 한국이 한미동맹을 하는 한, 중립은 불가능하다. 한국은 미국 편이다. 그러니 중국은 미국 편인 한국을 공격할 수밖에 없다. 하지만 한국이 한미동맹을 깬다고 해서 한중동맹을 맺는 것은 아니다. 한국과 중국이 동맹국이 되는 것은 아니니, 한국이 꼭 군사적으로 중국 편이 되는 것은 아니다. 한국은 중립을 선언할 수 있다. 그러면 중국의 공격도, 미국, 일본의 공격도 받지 않을 것이다.

하지만 강대국 사이의 분쟁에서 약소국이 중립을 선언하는 것은 의미가 없다. 한국은 약소국이 아니라 중견국가라고 주장할 수 있지만, 약소국, 중견국, 강대국은 절대적 기준이 존재하는 것이 아니다. 주변 국가와의 비교로 강대국, 약소국이 정해진다. 한국은 세계적 기준으로는 절대 약소국이 아니다. 하지만 한국 주변국인 러시아, 중국, 일본, 미국과 비교하면 분명 약소국이다. 이들 국가가 서로 협의해서 한국의 중립을 보장해주자고 약속하면 중립국이 될 수 있다. 그러나 이들 국가가 중립을 인정하지 않으면 중립을 지킬 수 없다. 설사 중립을 선언하더라도 아무 의미 없다.

청일전쟁 때 조선은 중립을 선언했다. 러일전쟁 때도 중립을 선언했다. 하지만 어느 나라도 조선의 중립 선언을 신경 쓰지 않았다. 청일전쟁은 한반도가 전쟁터였고, 러일전쟁 때 일본은 조선을 자기 나라 땅처럼 이용했다. 이에 대해 어떤 다른 나라도 왜 중립국을 침범하느냐고 비난하지도 않았다. 중립을 선언한 조선이 오히려 우스운 꼴이 되었다. 한국이 중립국이 되는 것은 쉬운 일이 아니다.

한국은 미국의 최전선이 되는 것이 싫어 한미동맹에서 빠져나오려 할 수 있지만, 한미동맹에서 빠지면 한국은 중국의 최전선이 된다. 미국과 일본의 일차적 공격 대상이 된다. 이제 우리는 미국의 최전선이 유리한지, 중국의 최전선이 유리한지를 판단해야 한다. 미국의 최전선이 되기 싫다는 이유만으로 한미동맹을 버려서는 안 된다.

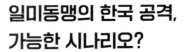

일미동맹의 한국 공격, 가능한 시나리오?

1636년 병자호란이 일어났다. 청나라 태종이 직접 군사를 거느리고 조선을 침략했다. 그런데 이때의 전쟁은 청나라가 갑자기 조선에 쳐들어온 것이 아니다. 사실 싸움을 건 측은 조선이다. 당시 조선 사신은 청나라 태종의 즉위식에 참석하면서 오랑캐 황제에게 절을 할 수 없다고 버텼다. 절을 하지 않을 거면 즉위식에 참석하지 않아야 했는데, 즉위식에 참석은 해놓고 절을 하지 않겠다고 버텼다. 또 조선 사신은 청나라 태종이 조선에 보내는 국서를 마음대로 찢어버리기도 했다. 청나라는 조선의 사죄를 요구했다. 조선은 사죄하지 않았다. 오히려 국서를 찢은 사신이 국서를 받은 순간에 당사자의 면전에서 찢지 않고 나중에 찢었다고 귀양을 보냈다. 청나라는 이런 식으로 하면 전쟁이 날 것이라고 수차례 경고했지만, 조선은 청나라의 경고에 아무런 답도 하지 않았다. 그냥 무시했다.

청나라의 전쟁 경고를 무시했지만, 이대로라면 정말로 전쟁이 날 것이라고 조선도 예측했다. 그래서 전쟁 준비를 했다. 청나라 군사가 들어올 평안도 지방에 산성을 구축했다. 당시 유명한 임경업 장군은 평안도 의주의 백마산성에 들어가 전쟁 준비를 했다.

청 태종은 조선이 산성을 정비하는 것을 알고 조선에 이런 조서를 보낸다.

조선이 산성을 정비하고 있지만, 청나라 군대가 중간에 있는 산성을 공격하지 않고 바로 한양으로 진격하면 어쩔 것이냐. 아무리 산성을 정비해도 소용없는 짓이다.

하지만 조선은 이런 청나라 경고도 무시했다. 당시 조선의 위정자들은 청나라가 중간에 조선군이 매복해 있는 산성을 그대로 두고 진격할 리가 없다고 생각했다. 그래서 계속해서 산성만 정비했다. 청 태종은 군사를 일으켰고, 정말로 도중에 있는 산성은 그대로 두고 한양으로 진격했다. 조선의 모든 군사는 산성에 들어가 있으니 청나라 군사를 막는 사람은 아무도 없었다. 청나라군은 압록강을 건너고 단지 13일 만에 한양에 들어온다. 도중에 단 한 번의 전투도 없었다.

청나라는 분명히 산성을 공격하지 않고 곧바로 한양으

로 진격할 수 있다고 경고했다. 하지만 조선은 무시했다. 경고를 믿지 않았다 하더라도 대비는 해야 했다. 전쟁에서는 아무리 가능성이 적어도, 그에 대해 예상하고 대비해야 한다. '절대로 그럴 리 없다'라고 예단하는 것은 패배로 직결된다. 당시 조선은 자신이 생각하는 것만 믿고 따랐다. 다른 가능성은 생각하지도 않았고, 준비도 하지 않았다. 청나라와 한번 제대로 싸우지도 못하고 항복하게 된 이유이다.

태평양전쟁이 한창이던 1942년, 일본은 미국과 대해전을 준비한다. 미드웨이 근방에서 미군 주력과 교전하기로 하고, 일본군, 가상미군으로 나누어 모의전쟁을 치른다. 이때 가상미군은 하와이에서 출항한 항공모함 기동부대가 미드웨이 북동부에 매복해 있다가 일본 함대를 기습하는 상황을 상정한다. 이렇게 하자 일본군은 대패하게 되었다.

미군이 이 전술을 쓰면 일본군은 대패한다는 결과가 나온 것이다. 그러면 미군이 정말로 이런 전술을 쓰면 어떻게 할 것이냐를 가정해서 대비책을 마련해야 한다. 하지만 일본 해군은 그러지 않았다. 일본 해군이 공격하리라는 것도 모르는 미군이 이런 전술을 쓸 리 없다고 무시한다. 따라서 대비책은 생각하지도 않고 미드웨이해전을 시작한다. 그런데 미군은 모의전투에서 나왔던 바로 이 전술로 일본 해군을 공격했다. 결과는 모의전투와 같았다. 일본군의 대패였다. 태평양

전쟁의 방향을 바꾼 미드웨이해전은 이런 일본의 오류에서 발생한 결과였다.

임진왜란이 발생하기 전, 쓰시마섬 사람들은 조선에 와서 일본군이 조선을 침략할 것이라고 알려준다. 한 번도 아니고 몇 년간 계속해서 알려준다. 쓰시마는 일본 영토이기는 했지만, 조선과 일본이 서로 싸우면 중간에서 큰 피해를 본다. 전쟁을 막기 위해 일본을 배반하고 조선에 전쟁 정보를 계속 알린 것이다. 하지만 조선은 이 정보를 무시했다. '정말로 일본이 전력으로 쳐들어오면 어떻게 할까'라는 문제는 고려하지 않았다. 있을 수 없는 일이고, 이에 진심으로 대비하는 것은 쓸데없는 일이다. 당시 조선 위정자들은 일본이 정말로 대규모로 쳐들어올 가능성에 대해서는 아예 고려하지도 않았다.

내가 생각할 때, 한국이 한미동맹을 버리고 중국 편에 선다는 것은 한국의 운명에 절대적으로 영향을 미치는 사안이다. 특히 한국과 미국 동맹이 끊어지고, 일본과 미국 동맹은 그대로 유지되는 것은 한국으로서는 최악의 상황이다. 조선 말기, 조선이 영국과 미국의 숙적인 러시아와 가까워지면서 일본-영국-미국과 대치한 것과 똑같은 상황을 21세기에 다시 맞이하는 것이다. 당시 일본은 미국, 영국의 지원을 받으며 한반도를 본격적으로 침략할 수 있었다. 조선이 패망한 것은 외교 전략의 오류 때문이다. 사실 조선의 멸망뿐만이 아니라 임진왜란, 병자호란 등 조선의 주요 국란은 모두 외교 전략의 오류 때문에 발생했다. 외교 전략은 단순히 이웃과 사이좋게 지내느냐 마느냐의 문제가 아니다. 국가 생존과 관련된 문제이다.

한국이 중국 편에 서야 한다고 주장하는 사람들의 이유는 주로 경제 때문이다. 지금 한국은 경제적으로 중국에 굉장히 밀접하다. 중국이 미국보다 경제적 비중이 높다. 앞으로도 중국과의 경제적 연관성이 더 높아질 것으로 예상된다. 한국의 미래 먹거리는 중국에 있다.

그런데 한국의 생존은 먹거리가 많냐 적냐에 달려 있지 않다. 이미 소비 수준이 선진국 수준에 가까운 현재 한국 수준에서 조금 더 잘살 수 있느냐 아니냐가 외교 전략의 기본이 되어서는 곤란하다.

경제적 측면이 아니라 한국 주변의 외교 현실과 한국의 생존 측면에 관심을 가지면, 한미동맹이 한국에 어떤 영향을 미치는지 파악할 수 있다. 미국이 좋으냐 싫으냐의 문제가 아니다. 실제로 한국이 미국의 동맹으로 있으면서 무엇을 얻고 있느냐의 문제이다. 그리고 한미동맹에서 벗어났을 때 주변국, 그리고 다른 나라와의 관계에서 어떤 일이 일어날 가능성이 있느냐에 초점을 두어야 한다.

원래 한국은 주변국들의 끊임없는 세력 다툼 속에서 유지된 나라이다. 중국에서 새로운 왕조가 발현되면 항상 한반도에 복종을 요구하고, 복종하지 않으면 쳐들어왔다. 가장 가까이로는 한국전쟁도 결국 마오쩌둥이 중국을 통일하고 새로운 중국 국가가 만들어지면서 북한과 함께 한국을 공격한 것이다. 일본도 국력이 강해지면 한반도로 쳐들어왔다. 한국은 몇 번이나 중국과 일본 간의 전쟁에 끼어들기도 했다. 주변국이 강해지면 항상 괴롭힘을 받던 한국이다.

그런데 지금은 주변국이 강해졌는데도 괴롭힘을 받지 않는다. 중국은 세계 2위이고 일본이 세계 3위의 국력이다. 그런데도 두 나라가 한국을 괴롭히지 않는다. 한국이 그동안 충분히 강해졌다고 해도 세계 10위권이다. 다른 나라들과는 충분히 대적할 수 있지만, 막상 옆에 있는 중국, 일본에는 한참 뒤처진다.

한국이 괴롭힘을 받지 않는 이유는 분명하다. 한국이 미국의 동맹이기 때문이다. 우리는 한미동맹이 한국에 주는 이점을 제대로 의식하지 못하고 있다. 그래서 '한미동맹을 이제 끝내야 하나'라는 이야기가 쉽게 나온다. 하지만 한미동맹이 없어지면 주변국들의 괴롭힘이 시작될 수 있다. 특히 한국에 이해관계가 큰 나라는 중국보다는 일본이다. 일본의 한국 괴롭힘이 다시 시작될 수 있다. 더구나 그때는 일미동맹으로 미국이 지원하는 한국 괴롭힘이다. 우리는 근대의 조선이 일본 식민지가 될 때와 같은 국제관계를 앞둔 것이다.

정말로 일본이 한국을 침략할 가능성이 있을까? 침략하지 않을 수도 있다. 하지만 정말로 일본이 한국을 침략하면 어떻게 할 것인가? 그에 대한 대비책이 있어야 한다. 완벽한 대비책이 없으면서 한미동맹을 버리면 안 된다. '그럴 리 없다'라고 한미동맹을 버리는 것은 곤란하다. 병자호란 때 산성만 수비하던 조선군, 임진왜란 당시 '설마 일본이 쳐들어오겠어?'라고 생각한 위정자들이 되는 것이다.

최소한 한미동맹 폐지 후, 정말로 일본이 한국에 적대적으로 되고 미국이 일본을 적극적으로 지지한다면 어떻게 할 것인가에 대한 대답은 갖추고 있어야 한다. '그럴 리 없다'라는 식의 대답 말고, 실질적으로 가능성 있는 대응 방안이 있어야 한다. 그런 다음에 한미동맹을 지속할 것인가 그만둘 것인가에 대해 논의해야 한다.

급변하는 국제관계의 역학,
우리는 준비되었는가

2021년 3월 12일, 미국·일본·호주·인도 4개국 정상회담이 있었다. 지난 1월 20일 미국 바이든 대통령의 취임식이 있었는데, 대통령이 된 지 2개월 만에 이루어진 공식 정상회담이다. 현재도 전 세계적으로 코로나19 사태는 계속되고 있다. 국가 간 공식 정상회담 역시 이뤄지지 않는 상황에서 예외적으로 4개국 정상회담이 개최된 것이다. 온라인 화상 정상회의로 열렸지만 전 세계의 이목을 끌었다.

미국·일본·호주·인도 4개국 협력체제를 QUAD Quadrilateral Security Dialogue, 쿼드, 4자 안보대화라고 한다. 이 협력이 무엇을 위한 협력인가에 대해서는 국제적으로 별 의문이 없다. 중국에 대응하며 전략적 파트너십을 공고히 하는 협력이다. 일본은 중국의 동쪽, 호주는 중국의 남쪽, 인도는 중국 서남쪽에 위치한 주요 국가이다. 여기에 태평양과 인도양을 지배하는 미국까지 다 중국을 둘러싼 세력이다. 중국을 포위하는 주요 세력이라고도 할 정도이다.

이 대중국 국제체계는 바이든정부에서 처음 시작된 게 아니다. 이미 오바마 대통령 시기 아시아 재편성을 목적으로 하는 태평양-인도양 전략을 발표했다. 트럼프 대통령은 중국에 대한 관세를 올리고 유학생을 제한하는 등 경제 조치를 실시했다. 바이든의 쿼드는 그 연장선상에서 이루어졌다. 민주당 출신 대통령, 공화당 출신 대통령을 가리지 않고 지속적으로 중국 대응 전략이 나오고 있다는 것은 이것이 어느 한 대통령의 정책이라기보다는 미국의 장기국제전략이라고 보아야 한다.

2021년 현재 한국은 미국이냐 중국이냐를 고민한다. 미국이 이렇듯 대중국 전략을 강화하면서 한국의 입장은 난처해지고 있다. 미국은 동맹국 한국이 미국 편에 서기를 원한다. 중국은 한국이 미국 편을 들지 않고 보다 신중한 자세를 보일 것을 요구한다. 경제적으로 긴밀한 관계를 가져온 중국, 앞으로 세계 최강대국으로 성장할 중국을 선택할 것인가, 아니면 그동안 밀접한 관계를 가져온 미국, 현재 세계 최강대국인 미국을 선택할 것인가의 문제이다.

그런데 지금 한국이 고민하는 상황을 보면 한 가지 맹점이 있다. 단지 중국이냐 미국이냐만 고민하고 있다는 점이다.

한국의 이 선택에 대해 다른 나라들이 어떻게 나올지는 아무런 생각을 하지 않는다. 한국이 중국을 선택하면 중국과 더 긴밀한 관계가 되고, 미국과는 동맹 관계가 끊어지는 정도로만 생각한다. 동맹 관계는 끊어지지만, 그 이외의 관계는 지금 미국과의 관계와 큰 차이 없을 것이라고 생각한다. 우리가 계속 미국에 갈 수 있고, 미국에 상품을 팔 수 있다. 그리고 일본, 영국, 호주, 프랑스, 중동, 동남아시아 등 다른 나라들과의 관계도 지금대로 유지될 수 있다고 기대한다. 한국은 단지 미국과 동맹 관계만 끊고 군사적 연계만 끊을 뿐이다. 그러니 미국과의 경제관계, 다른 나라와의 관계와는 아무 상관없지 않은가.

하지만 2021년 3월, 바이든정부 출범 후 바로 쿼드가 체계화되었다. 한국이 미국과 동맹 관계를 정리하고 중국 편에 섰을 때, 지금 미국 편인 일본, 인도, 호주와의 관계가 지금과 같을 것이라고 볼 수는 없지 않을까. 단지 미국과의 관계만 끊고 다른 나라와는 아무 상관없다고 생각하는 것은 국제관계의 역학에 대해 무지한 이야기이다. 127년 전 동학혁명 당시 조선이 일본이 어떻게 나올지는 전혀 생각하지 않고, 단순히 군사가 부족해서 청나라에 군사 파병을 요구한 것과 별 차이 없는 단선적인 의사결정이다. 당시 최강대국인 영국, 미국에 어떤 영향을 미칠지를 전혀 고려하지 않고, 일본의 압박

이 싫다는 이유로 아관파천하고 친러 정권을 만든 것과 같은 의사결정이다.

거듭 강조하지만, 현재 한국이 일본, 영국, 프랑스, 중동 등 세계 여러 국가와 문제없이 지내고 있는 것은 한국이 미국의 동맹국이기 때문이다. 한국이 전 세계에 물건을 팔고 수출강국으로 성장할 수 있는 것도 미국의 동맹국이기 때문이다. 현재 세계는 미국이 만든 판 위에서 굴러가고 있다. 우리가 인정하든 인정하지 않든, 좋아하든 싫어하든 이것이 현재 세계의 현실이다.

한국이 미국의 동맹국에서 벗어나는 것이 그냥 단순히 비동맹국이 되는 것이라면 큰 문제가 없을 것이다. 하지만 지금 한국이 미국의 동맹국에서 벗어나는 것은 단순히 비동맹국이 된다는 의미가 아니다. 한국이 미국을 떠나 중국 편이 된다는 의미이다. 한국으로서는 미국을 적으로 할 생각이 조금도 없다. 단지 미국과의 동맹을 끝내고 중국과의 관계를 더 돈독히 할 뿐이다. 하지만 다른 나라들에는 그렇게 인식되지 않는다. 전 세계를 상대로 한국이 미국 편에서 벗어나 중국 편에 서겠다는 선언이다.

일본, 영국, 프랑스, 호주 등 주요 국가는 거의 미국 편이다. 미국의 적대국가 편에 붙으면서 이들 국가가 계속 한국 편을 들 것이라고 생각해서는 안 된다. 미국의 우방국에 계속해서 아무 문제없이 수출할 수 있을 것으로 생각해서도 안된다. 무역은 자기 편끼리, 최소한 아무 관계없는 국가끼리 하는 것이다. 적대국 관계가 되면서 계속 우리가 수출할 수 있을까?

무엇보다 중요한 것은 일본이다. 일본은 삼국시대부터 조선 말까지 계속해서 한국을 침범해온 국가라는 사실을 절대 잊어서는 안 된다. 정규군이 침략하든, 왜구가 침략하든, 계속해서 침략을 시도했다.

그러던 일본이 1945년 이후 지금까지 한번도 군사적으로 한국을 도발하지 않고 있다. 한국이 일본보다 힘이 강해져서가 아니다. 일본이 한반도에 더는 이해관계가 없어져서도 아니다. 일본이 한국을 도발하지 않는 이유는 한 가지이다. 미국이 막고 있기 때문이다. 미국이 일본의 한국 도발을 막는 이유도 미국이 한국 사람들의 안위를 걱정해서가 아니다. 한국이 미국의 동맹국이기 때문이다. 그런데 한국이 미국과의 관계를 끝내면, 더 이상 미국은 일본의 한국 도발을 막을 이유가 없다.

조선이 영국의 최대 적국인 러시아 편이 되었을 때, 영국은 조선을 침략하지 않았다. 단지 일본을 적극적으로 지원해주고, 일본의 조선 지배를 인정해주었을 뿐이다. 마찬가지로 지금 한국이 미국을 버린다고 해서 미국이 한국을 침략한다거나 하지는 않는다. 단지 일본의 한반도 진출을 방치하고 인정해줄 뿐이다.

한국이 한미동맹을 폐기하고 중국 편에 서면 일본의 도발이 시작된다. 그리고 미국은 일본의 도발을 그대로 인정할 것이다. 120여 년 전 조선 말, 조선이 뭐가 뭔지 모르는 상태에서 일본의 식민지가 되는 길을 걷던 것과 동일한 형세의 국제관계가 만들어진다.

그것을 알면서도 중국과의 관계가 워낙 중요하기 때문에 한미동맹 폐기의 길을 간다면 이것 역시 한국의 선택일 것이다. 하지만 한미동맹 폐기가 어떤 효과를 가져올지 전혀 고려하지 않고, 단지 중국과의 관계개선을 위해 미국을 버린다면 이야기가 다르다. 최소한 우리는 미국을 버리고 중국 편에 설 때, 앞으로 어떤 국제관계가 펼쳐질지 예측하면서 선택해야 한다. 적어도 조선 말처럼, 아무것도 모르면서 국가 운명을 정하는 의사결정은 하지 말아야 한다.

2021년 3월
최성락

참고문헌

A.V. 토르쿠노프, 구종서 옮김, 『한국전쟁의 진실과 수수께끼』, 에디터, 2003.

F.L.ALLEN, 신범수 옮김, 『1929 미국 대공황』, 고려원, 1992.

G. 프리드먼·M. 르바드, 남주홍 옮김, 『제2차 태평양전쟁』, 동아출판, 1991.

H. 쥐베르·C.H. 마르탱, 유소연 옮김, 『프랑스 군인 쥐베르가 기록한 병인양요』, 살림, 2010.

I.B. 비숍, 신복룡 옮김, 『조선과 그 이웃 나라들』(한말외국인기록 21), 집문당, 2000.

J.S. 게일, 신복룡 옮김, 『전환기의 조선』(한말외국인기록 5), 집문당, 1999.

S. 시그레이브, 이재승 옮김, 『송씨왕조』, 정음사, 1986.

가토 요코, 윤현명 외 옮김, 『그럼에도 일본은 전쟁을 선택했다』, 서해문집, 2018.

강정민, 『독도반환 청구소송』, 바다출판사, 2013.

개럿 매팅리, 박상이 옮김, 『아르마다』, 가지않은길, 1997.

개빈 멘지스, 조행복 옮김, 『1421 중국, 세계를 발견하다』, 사계절, 2004.

고영자, 『청일전쟁과 대한제국』, 탱자, 2006.

권성욱, 『중국 군벌 전쟁』, 미지북스, 2020.

그레고리 클라크, 이은주 옮김, 『맬서스, 산업혁명, 그리고 이해할 수 없는 신세계』, 한스미디어, 2009.

기 소르망, 박혜영 외 옮김, 『중국이라는 거짓말』, 문학세계사, 2006.

김경민, 『일본자위대 그 막강한 군사력』, 박영사, 2019.

김경민, 『어디까지 가나 일본 자위대』, 아침바다, 2003.

김기수, 『중국경제 추락에 대비하라』, 살림, 2012.

김시덕, 『그들이 본 임진왜란』, 학고재, 2012.

김영수, 『건국의 정치』, 이학사, 2006.

김옥준, 『중국 외교노선과 정책』, 리북, 2011.

김용옥, 『도올의 중국일기 1 – 5』, 통나무, 2015.

김진영, 『제2차 세계대전』, 가람기획, 2005.

김태우, 『폭격』, 창비, 2013.

김학준, 『북한의 역사 1 – 2』, 서울대학교출판문화원, 2013.

나미키 요리히사·이노우에 히로마사, 김명수 옮김, 『아편전쟁과 중화제국의
　　　위기』, 논형, 2017.

나카니시 테루마사, 서재봉 옮김, 『대영제국 쇠망사』, 까치, 2000.

노나카 이쿠지로 외, 박철현 옮김, 『일본 제국은 왜 실패하였는가』, 주영사,
　　　2009.

노암 촘스키, 장영준 옮김, 『불량국가』, 두레, 2001.

대니얼 예긴, 김태유 외 옮김, 『황금의 샘 1 – 2』, 라의눈, 2017.

데이비드 S. 랜즈, 안진환 외 옮김, 『국가의 부와 빈곤』, 한국경제신문, 2009.

도널드 킨, 김유동 옮김, 『메이지 천황 상·하』, 다락원, 2002.

돈 오버도퍼·로버트 칼린, 이종길 외 옮김, 『두 개의 한국』, 길산, 2003.

동아대학교 석당학술원 엮음, 『국역 고려사』, 경인문화사, 2009.

래너 미터, 권성욱 외 옮김, 『중일전쟁』, 글항아리, 2020.

로버트 고든, 이경남 옮김, 『미국의 성장은 끝났는가』, 생각의힘, 2017.

리디아 류, 차태근 옮김, 『충돌하는 제국』, 글항아리, 2016.

리처드 C. 부시, 김규태 옮김, 『위험한 이웃, 중국과 일본』, 에코리브르, 2013.

마고사키 우케루, 양기호 옮김, 『미국은 동아시아를 어떻게 지배했나』,
　　　메디치미디어, 2013.

마고사키 우케루, 양기호 옮김, 『일본의 영토분쟁』, 메디치미디어, 2012.

마르틴 반 크레펠트, 우보형 옮김, 『보급전의 역사』, 플래닛미디어, 2010.

마오하이젠, 김승일 외 옮김, 『아편전쟁』, 경지출판사, 2018.

마크 게인, 까치편집부 옮김, 『해방과 미군정』, 까치, 1986.

만국보관 편저, 이창주 옮김, 『갑오―120년 전 뉴스 일러스트로 본
　　　청일전쟁』, 서해문집, 2020.

맨슈어 올슨, 최광 옮김, 『국가의 흥망성쇠』, 한국경제신문사, 1990.

모리무라 무네후유, 신은진 옮김, 『대항해시대』, 들녘, 2007.

미야자키 마사히로·다무라 히데오, 박재영 옮김, 『중국발 세계경제 위기가

시작됐다』, 센시오, 2020.

박실, 『6·25 전쟁과 중공군』, 청미디어, 2015.

박명림, 『한국 1950―전쟁과 평화』, 나남, 2002.

박유하, 『제국의 위안부』, 뿌리와이파리, 2015.

박유하, 『화해를 위해서』, 뿌리와이파리, 2005.

박재석·남창훈, 『연합함대―그 출범에서 침몰까지』, 가람기획, 2005.

박종인, 『대한민국 징비록』, 와이즈맵, 2019.

박종인, 『매국노 고종』, 와이즈맵, 2020.

박지원, 김혈조 옮김, 『열하일기 1 - 3』, 돌베개, 2017.

브루스 커밍스, 김동노 외 옮김, 『한국현대사』, 창비, 2001.

브루스 커밍스, 남성욱 옮김, 『김정일 코드』, 따뜻한손, 2005.

브루스 커밍스, 조행복 옮김, 『브루스 커밍스의 한국전쟁』, 현실문화, 2017.

블라디슬라프 M. 주보크, 김남섭 옮김, 『실패한 제국 1 - 2』, 아카넷, 2016.

사이먼 윈체스터, 김한슬기 옮김, 『태평양 이야기』, 21세기북스, 2017.

새뮤얼 헌팅턴, 이희재 옮김, 『문명의 충돌』, 김영사, 2004.

서문당 편집부, 『다큐멘터리 중국현대사 1 - 3』, 서문당, 2014.

석혜원, 『대한민국 경제사』, 미래의창, 2012.

송동훈, 『대항해시대의 탄생』, 시공사, 2019.

스털링 시그레이브, 원경주 옮김, 『중국 그리고 화교』, 프리미엄북스, 2002.

스털링 시그레이브, 원경주 옮김, 『중국인 이야기』, 프리미엄북스, 1997.

안세영, 『위대한 중국은 없다』, 한국경제신문, 2019.

앙드레 슈미드, 정여울 옮김, 『제국 그 사이의 한국 1895~1919』,
        휴머니스트, 2007.

야마베 겐타로, 정균승 외 옮김, 『한일 합병사』, 범우사, 1990.

양필승·이정희, 『차이나타운 없는 나라』, 삼성경제연구소, 2004.

에드가 스노우, 홍수원 외 옮김, 『중국의 붉은 별』, 두레, 2013.

에른스트 폰 헤세 바르텍, 정현규 옮김, 『조선, 1894년 여름』, 책과함께,
        2012.

에릭 두르슈미트, 이상근 옮김, 『용의 유전자』, 세종서적, 2010.

오타니 다다시, 이재우 옮김, 『청일전쟁, 국민의 탄생』, 오월의봄, 2018.

올리버 스톤·피터 커즈닉, 이광일 옮김, 『아무도 말하지 않는 미국 현대사
        1-2』, 들녘, 2015

와다 하루키, 이웅현 옮김, 『러일전쟁―기원과 개전 1-2』, 한길사, 2019.

왕수쩡, 나진희 외 옮김, 『한국전쟁―한국전쟁에 대해 중국이 말하지
        않았던 것들』, 글항아리, 2013.

요시다 유타카, 최혜주 옮김, 『일본의 군대』, 논형, 2005.

우치다 타츠루, 김경원 옮김, 『일본변경론』, 갈라파고스, 2012.

위톈런, 박윤식 옮김, 『대본영의 참모들―일본군국주의의 광기』, 나남,
        2009.

윌리엄 번스타인, 김현구 옮김, 『부의 탄생』, 시아, 2008.

윌리엄 번스타인, 박홍경 옮김, 『무역의 세계사』, 라이팅하우스, 2019.

유태원, 『원자재 전쟁』, 한빛비즈, 2017.

이덕일, 『근대를 말하다』, 위즈덤하우스, 2012.

이덕일·이희근, 『우리 역사의 수수께끼』, 김영사, 1999.

이범준, 『일본제국 vs. 자이니치』, 북콤마, 2015.

이성현, 『미중전쟁의 승자, 누가 세계를 지배할 것인가?』(중국편),
        책들의정원, 2019.

이승우, 『중국몽의 추락』, 기파랑, 2020.

이언 모리스, 김필규 옮김, 『전쟁의 역설』, 지식의날개, 2015.

이언 모리스, 최파일 옮김, 『왜 서양이 지배하는가』, 글항아리, 2013.

이영훈, 『한국경제사 1-2』, 일조각, 2016.

이춘근, 『미중 패권 경쟁과 한국의 전략』, 김앤김북스, 2016.

이태진, 『고종시대의 재조명』, 태학사, 2000.

장융, 이종인 옮김, 『서태후 1-2』, 책과함께, 2015.

재레드 다이아몬드, 강주헌 옮김, 『문명의 붕괴』, 김영사, 2005.

재레드 다이아몬드, 김진준 옮김, 『총, 균, 쇠』, 문학사상사, 2013.

정범준, 『제국의 후예들』, 황소자리, 2006.

정병석, 『조선은 왜 무너졌는가』, 시공사, 2016.

정태헌, 『20세기 한국경제사』, 역사비평사, 2010.

정혜경, 『일본의 아시아태평양전쟁과 조선인 강제동원』, 동북아역사재단, 2020.

제노네 볼피첼리, 유영분 옮김, 『구한말 러시아 외교관의 눈으로 본 청일전쟁』, 살림, 2009.

제임스 R. 릴리, 김준길 옮김, 『아시아 비망록』, 월간조선사, 2005.

제임스 브래들리, 송정애 옮김, 『임페리얼 크루즈』, 프리뷰, 2010.

조너선 D. 스펜스, 양휘웅 옮김, 『신의 아들』, 이산, 2006.

조너선 D. 스펜스, 김희교 옮김, 『현대 중국을 찾아서 1 - 2』, 이산, 1998.

조지 프리드먼, K전략연구소 옮김, 『21세기 지정학과 미국의 패권전략』, 김앤김북스, 2018.

조지 프리드먼, 홍지수 옮김, 『다가오는 유럽의 위기와 지정학』, 김앤김북스, 2020.

조지 프리드먼, 홍지수 옮김, 『다가오는 폭풍과 새로운 미국의 세기』, 김앤김북스, 2020.

조지프 나이, 이기동 옮김, 『미국의 세기는 끝났는가』, 프리뷰, 2015.

존 J. 미어셰이머, 이춘근 옮김, 『강대국 국제정치의 비극』, 김앤김북스, 2017.

존 다우어, 최은석 옮김, 『패배를 껴안고』, 민음사, 2009.

존 키건, 류한수 옮김, 『2차세계대전사』, 청어람미디어, 2007.

주경철, 『대항해 시대』, 서울대학교출판부, 2008.

즈비그뉴 브레진스키, 김명섭 옮김, 『거대한 체스판』, 삼인, 2017.

진순신, 서석연 옮김, 『아편전쟁』, 우리터, 1997.

진순신, 조양욱 옮김, 『청일전쟁』, 세경, 2013.

찰스 P. 킨들버거, 주경철 옮김, 『경제 강대국 흥망사 1500 - 1990』, 까치, 2004.

찰스 페인스틴 외, 양동휴 외 옮김, 『대공황 전후 유럽경제』, 동서문화사, 2001.

최병일, 『미중전쟁의 승자, 누가 세계를 지배할 것인가?』(미국편), 책들의정원, 2019.

최성락, 『49가지 결정』, 페이퍼로드, 2020.

최성락, 『말하지 않는 세계사』, 페이퍼로드, 2016.

최성락, 『말하지 않는 한국사』, 페이퍼로드, 2015.

최성락, 『한국은 자본주의 사회인가』, 페이퍼로드, 2016.

최승표, 『메이지 이야기 1－3』, Bg북갤러리, 2015.

최윤식, 『앞으로 5년 미중전쟁 시나리오』, 지식노마드, 2018.

케네스 C, 데이비스, 진병호 옮김, 『미국의 역사』, 고려원, 1992.

케네스 포메란츠, 김규태 외 옮김, 『대분기』, 에코리브르, 2016.

콘스탄틴 플레샤코프, 표완수 외 옮김, 『짜르의 마지막 함대』, 중심, 2003.

클라이드 프레스토위츠, 이문희 옮김, 『부와 권력의 대이동』, 지식의숲, 2006.

파리드 자카리아, 윤종석 옮김, 『흔들리는 세계의 축』, 베가북스, 2008.

폴 케네디, 이일주 옮김, 『강대국의 흥망』, 한국경제신문, 1997.

피터 노왁, 이은진 옮김, 『섹스, 폭탄, 그리고 햄버거』, 문학동네, 2012.

피터 자이한, 홍지수 외 옮김, 『21세기 미국의 패권과 지정학』, 김앤김북스, 2018.

피터 자이한, 홍지수 옮김, 『셰일 혁명과 미국 없는 세계』, 김앤김북스, 2019.

피터 홉커크, 정영목 옮김, 『그레이트 게임』, 사계절, 2008.

하라 아키라, 김연옥 옮김, 『청일·러일전쟁 어떻게 볼 것인가』, 살림, 2015.

하라다 게이이치, 최석완 옮김, 『청일·러일전쟁』, 어문학사, 2012.

한명기, 『병자호란 1－2』, 푸른역사, 2013.

한상일, 『1910 일본의 한국병탄』, 기파랑, 2010.

한우덕, 『우리가 아는 중국은 없다』, 청림출판, 2012.

허버트 빅스, 오현숙 옮김, 『히로히토 평전』, 삼인, 2010.

허우 이제, 장지용 옮김,『원세개』, 지호, 2003.

헨리 키신저 외, 백계문 옮김,『21세기 패자는 중국인가』, 한울아카데미, 2012.

호머 헐버트, 신복룡 옮김,『대한제국멸망사』(한말외국인기록 1), 집문당, 1999.

호사카 마사야스, 정선태 옮김,『도조 히데키와 천황의 시대』, 페이퍼로드, 2012.

홍원선,『화인경제론』, 북넷, 2013.

황현, 이장희 옮김,『매천야록 상·중·하』, 명문당, 2008.

후나바시 요이치, 오영환 옮김,『김정일 최후의 도박』, 중앙일보시사미디어, 2007.

후안 파블로 카르데날·에리베르토 아라우조, 전미영 옮김,『중국뿐인 세상』, 명랑한지성, 2014.

후지이 히사시, 최종호 옮김,『일본군의 패인』, 논형, 2016.